LA VIE QUE JE VEUX !

Du même auteur :

Le Guerrier urbain, manuel de survie spirituelle, J'ai lu, 2000.
Libérez-vous !, Marabout, 2004.
Un peu de sagesse dans un monde de brutes, Marabout, 2005.
108 chemins spirituels, Marabout, 2007.

BAREFOOT DOCTOR

LA VIE QUE JE VEUX !

MARABOUT

Dédié au souvenir joyeux de Victor, défunt père de Barefoot.

Publié pour la première fois en Grande-Bretagne en 2004
par Element sous le titre *Manifesto*.
Element est une marque de HarperCollins Publishers Limited.
© Barefoot Doctor, Stephen Russell 2004.
Stephen Russell affirme son droit moral à être identifié comme l'auteur
de cette œuvre.
© Marabout (Hachette Livre), 2006.
Traduction française : Dominique Brotot, avec la collaboration d'Isabelle
de Jaham.

Explication du plan du livre

Coucou, c'est l'auteur qui vous parle ! Je vous propose avant d'entrer dans le vif du sujet de lire le court avant-propos que j'ai rédigé il y a quelque temps.

J'ai toujours nourri l'étrange fantasme d'écrire un livre sans le moindre préambule, car je trouve que cela revient à passer en coup de vent dans une pièce avant d'y pénétrer normalement pour dire : « Dans une seconde, je vais entrer et me présenter, mais je voulais d'abord vous prévenir, au cas où mon arrivée vous embarrasserait ou vous dérangerait. » Comme avec mes livres précédents, j'ai essayé d'assouvir ce fantasme mais mes doigts, comme s'ils possédaient une volonté bien à eux, ont quand même frappé les touches jusqu'à la matérialisation de ce préambule. Pour être honnête, le premier texte qui est apparu à l'écran était beaucoup plus court. Mais à sa lecture, Ombre d'Argent, mon estimée, redoutable et adorée ancienne agente littéraire, m'a apostrophé avec fureur : « Barefoot, tu es toujours si pressé de démarrer ! Tu dois consacrer davantage de soin et d'attention à ton avant-propos, car c'est la première chose que les gens liront. Tu dois expliquer dès le départ, dans l'intérêt des lecteurs qui ne connaissent pas ton travail, que tu as déjà expliqué dans *Return of the Urban Warrior* (*Le Retour du guerrier urbain*, ouvrage non traduit en français) comment exploiter son potentiel personnel, pratiquer la méditation et atteindre l'éveil, l'équilibre spirituel et même l'immortalité ; que tu as exposé dans *Libérez-vous !* les moyens de s'affranchir des obstacles intérieurs au bonheur parfait et que tu n'as pas l'intention de te répéter dans ce livre. Il faut que tu leur dises que *La vie que je veux !* a pour sujet la métamorphose à grande vitesse pour gens pressés, raison pour laquelle il se lit si vite que les yeux en roulent dans leurs orbites… Ah ! et n'oublie pas de dire que c'est aussi, et de loin, le meilleur ouvrage de développement personnel que tu aies jamais écrit ! »

Mais elle l'a dit à ma place, il me semble, et je ne vais pas prendre la peine de répéter.

Donc, après mon introduction (ou plus précisément ma mise en jambes) semi-hypnotique habituelle, je me lance avec une soudaineté qui m'a moi-même surpris dans la description de la marche exacte à suivre pour manifester, c'est-à-dire rendre réel tout ce qu'on a toujours désiré. Cette description, qui représente 58 % du texte (je mentionne ce chiffre pour ceux qui ont un faible pour les pourcentages), intègre le jeu d'outils de manifestation le plus élégant, le plus concis et sans doute le plus puissant que l'humanité ait jamais connu. Celui-ci mériterait une apologie beaucoup plus longue, mais je ne sais pas faire semblant : ce matériau vient de trop loin dans le temps et l'espace pour être traité avec frivolité.

Curieusement, bien que je sois au moins à demi mûr pour l'asile, il semble qu'un maître taoïste indéterminé, ayant visiblement atteint l'immortalité spirituelle à une époque très ancienne, ait décidé de me choisir comme messager. Il s'est probablement trompé d'adresse, mais je ne m'en plains pas, je ne faisais rien de vraiment spécial avant d'être « contacté » il y a trente-huit ans, à l'âge tendre, mais pas vraiment innocent, de 11 ans. Et après tout, c'est un plan génial quand on arrive à comprendre de quoi il s'agit. Je conviens que je pourrais dépouiller cette version des événements de son romanesque douteux pour déclarer simplement que je reçois l'inspiration par les canaux plus raffinés du mental supérieur, filtrée par des dizaines d'années d'apprentissage, d'expérience et de gauchissement personnels, mais en provenance directe, pour ainsi dire, de la source. Mais qu'est-ce que la source ? Les Grands Immortels eux-mêmes, ou au moins la Dame de la Cantine Universelle (l'appellation prendra un sens en lisant le livre) peuvent correspondre à cette appellation.

Les 42 % (environ) restants s'intéressent pour l'essentiel aux questions découlant inévitablement de la pratique de la manifestation, et prodiguent des encouragements (dont vous allez avoir pas mal besoin), ainsi que des informations utiles (en tout cas je l'espère) issues des troupes en première ligne. Celles-ci sont organisées en petits paquets de données aisés à télécharger, d'une longueur idéale si vous lisez mon livre aux cabinets ou lors d'un bref trajet en train pour vous rendre au travail ou en revenir. Elles vous paraîtront probablement très répétitives au début, mais je suis sûr que vous conviendrez avec moi qu'on ne répète jamais assez les lois métaphysiques fondamentales ; vous en convenez, n'est-ce pas ?

Il est tout à fait envisageable d'utiliser avec une relative impunité, et même un profit non négligeable, au moins 67 % du texte, voire plus, comme un oracle ou un guide d'orientation au quotidien, que l'on peut ouvrir au hasard. Néanmoins, vous ne pouvez pas vous contenter de lire le livre en diagonale car vous risquez de manquer l'essentiel, la partie pratique arrivant relativement tôt et sans tambour ni trompette. Je précise qu'il s'agit ici d'apprendre à obtenir ce que vous désirez à la manière facile des taoïstes. Sachez toutefois (je vais d'ailleurs le répéter dans l'avertissement) qu'obtenir ce que vous désirez risque de vous désorienter d'une manière significative, et je mentirais si je vous cachais que cela entraînera aussi des bouleversements parfois extrêmes de votre mode de vie (fréquentations ou lieu d'habitation, par exemple), et que votre foi sera sévèrement mise à l'épreuve à maintes reprises. Environ 34 % des informations ont donc pour but de vous aider et de vous éviter de vous retrouver dans un joli pétrin existentiel. Cela dit, j'espère que vous prendrez plaisir à la lecture des 100 % du livre, quels que soient la manière et le moment, et que vous apprécierez les résultats, car, sans l'ombre d'un doute, je n'ai jamais participé à un meilleur jeu, et je suis persuadé qu'il en sera de même pour vous. Bon, ça te va, Ombre d'Argent ?

Avertissement

La méthode décrite et expliquée dans ce manifeste est extrêmement puissante, et je ne le dis pas juste pour fanfaronner ou à des fins commerciales. En outre, même si j'utilise un style tour à tour humoristique, souriant, compatissant, complice, suggestif, chaleureux et aléatoire, et je l'espère dans l'ensemble agréable, ayez conscience que vous jouez ici avec le feu.

Quand vous commencerez à utiliser cette méthode de manifestation, votre vie se mettra à changer, entraînant peut-être des crises d'extrême désorientation, non seulement dans votre tête, mais dans votre quotidien lui-même. Donc, ne jouez pas avec le feu si, au fond, vous ne voulez pas que votre existence soit chamboulée.

Rappelez-vous que beaucoup de gens préfèrent désirer que réellement obtenir ce qu'ils désirent, et à juste titre. Nous n'avons pas créé pour rien les zones pavillonnaires et tout ce qui va avec : la télévision abrutissante, les soirées noyées dans l'alcool, les expéditions du week-end dans les centres commerciaux ou le câlin rituel du samedi soir. La vie réelle peut se révéler très effrayante. Une fois que vous aurez débuté le processus de manifestation de vos désirs, vous devrez laisser le pavillon derrière (j'utilise le concept de pavillon au figuré) et vous avancer dans le grand méchant monde où le vent du changement souffle avec fureur sans laisser le moindre recoin où se cacher.

Le jeu en vaut indéniablement la chandelle, car aux rares moments où le vent se calme, il n'existe rien de plus exaltant que de regarder autour de soi et de dire : « J'ai manifesté tout cela. » C'est absolument grandiose en fait. Mais ne dites pas que je ne vous ai pas prévenu (et mes avertissements ne sont pas des paroles en l'air, croyez-moi).

La révolution interne

Camarades, frères et sœurs de la planète, la révolution a commencé. Ne doutez plus de l'accomplissement de vos désirs. Le moment est venu d'obtenir ce que vous désirez sans douter.

Il s'agit d'une révolution pacifique, mais déconseillée aux mauviettes car elle va déstabiliser votre vie. En effet, après avoir passé tant de temps à douter et à vous cramponner au passé, vous allez, au début, être désorienté par la clarté ; c'est tout à fait naturel. Mais la désorientation disparaîtra aussi vite qu'elle est venue, laissant dans son sillage des scènes d'une splendeur telle que vous en resterez bouche bée de stupéfaction.

Ayez du courage ! C'est une révolution du cœur. Le cœur verra les choses différemment, et la réalité s'adaptera à sa nouvelle vision. Vous devrez sans doute dire adieu à de nombreux éléments du passé quand la nouveauté s'imposera dans votre vie. Par moments, vous ne vous reconnaîtrez plus et chercherez à tâtons une prise sur des points de référence ayant perdu leur familiarité.

De l'audace, camarades, sœurs et frères, car lorsque retombera la poussière, quand le bruit des sabots des chevaux au galop s'estompera dans le lointain, vous vous découvrirez en train de jouir de la vie dont vous aviez toujours rêvé sans jamais croire qu'elle pouvait être réellement à votre portée.

Et si vous ne me croyez pas non plus, lisez ce manifeste et voyez par vous-même.

Je dois avouer que la révolution interne a déjà payé pour moi ; tout va bien, merci, mais je sais que je n'ai qu'un moyen d'augmenter encore mon bonheur : le partager. Je vous livre donc le mode d'emploi exact pour que vos souhaits se réalisent à la manière taoïste – la voie du *wu wei* en fait –, libre à vous de le suivre ou non.

Une chose est sûre, plus nous serons nombreux à accomplir cette révolution interne, et plus heureux nous serons, ce qui me donnera encore plus de bonheur, car voir les gens rire et sourire me met aux anges.

Suis-je donc un sale petit veinard ?

Je ne crois pas. Pendant plus de vingt ans, j'ai travaillé avec acharnement, patience, constance et amour, toujours fidèle à la vision, sans jamais chanceler face à une adversité

De l'audace, car lorsque retombera la poussière, quand le bruit des sabots des chevaux au galop s'estompera dans le lointain, vous vous découvrirez en train de jouir de la vie dont vous aviez toujours rêvé sans jamais croire qu'elle pouvait être réellement à votre portée.

et à des obstacles permanents, sans jamais me plaindre de n'avoir ni argent, ni foyer pendant cette période (sauf auprès de un ou deux amis vraiment intimes que j'ai rendus à moitié fous), sans jamais me trahir ni prendre le chemin traditionnel menant au confort, et pratiquement toujours avec le sourire et un cœur joyeux. Oui, je suis un type sensationnel, c'est vrai. J'ai mes défauts, bien entendu, mais qui n'en a pas ? Bien sûr, il y a des gens qui me détestent, bénis soient-ils tous, mais il y en a beaucoup plus qui m'aiment, et vous savez pourquoi ? Parce que je les aime, et je vous aime aussi, vous, individu unique, partie du Grand Tout. C'est aussi simple que ça. Chaque membre de l'univers est le Tao, le Grand Esprit, l'Ineffable Indistinct, générant, imprégnant, animant, reliant et nourrissant la totalité de toute la création, et si vous l'aimez, comme moi, il vous rendra cet amour, comme vous m'aimez et comme je vous aime.

Donc, non, je ne suis pas un sale petit veinard, mais je suis indéniablement un sacré privilégié, et je remercie la vie, je me remercie et je vous remercie qu'il en soit ainsi. Et, désormais, vous pouvez aussi faire partie du club ; en réalité, c'est déjà fait, sacré privilégié ! Comme je l'ai dit, la révolution a commencé, que vous en ayez conscience ou non.

Mais pourquoi se donner tout ce mal ? Pourquoi se donner la peine de manifester ce que vous désirez, à la manière taoïste ou de toute autre manière, d'ailleurs ? Pourquoi faire des vagues ? La réponse est simple : à moins d'avoir appris à passer votre vie entière à méditer sereinement sans argent, nourriture, possessions matérielles ou autres moyens de subsistance…

Vous avez besoin de vous occuper pendant que vous traînez dans le coin en attendant la mort

Non ? Peut-être que je me trompe. Vous pouvez préférer vous noyer dans l'oubli en professionnel et rester caché au fond de l'impasse sans jamais oser faire un pas sur le Grand Boulevard de la Vie. Vous pouvez ne pas prendre de risque, éviter l'aventure, tourner le dos à la révolution et tranquilliser votre esprit grâce à la télévision, aux pièges de la société de consommation, aux conversations banales, au sexe de second ordre et à des relations amoureuses peu satisfaisantes. Autrement dit, vous pouvez ne pas faire grand-chose de votre vie et après tout, pourquoi pas ? À chacun son rôle, pourrait-on dire. Malgré cette attitude face à la vie, vous avez envie de lire ce manifeste et peut-être même vous amuserez-vous à sa lecture.

Vous n'avez rien à perdre mais le monde entier à gagner.

Mais croyez-moi, si vous considérez le fait que vous allez de toute manière mourir un jour – et personne ne connaît jamais ni le jour ni l'heure –, et si vous en déduisez que vous n'avez rien à perdre mais le monde entier à gagner, alors, vous comprendrez l'intérêt des informations fournies dans cet ouvrage. Elles vous permettront en effet de vous retrouver en un rien de temps à la fête, la fête totale. Enfilez donc vos chaussons de danse, et en piste. Moi, je vais pieds nus.

Danser avec la Dame de la Cantine Universelle *(ou le Monsieur de la Cantine Universelle, si vous préférez)*

Manifester la vie que l'on désire est une danse avec le Tao. C'est là tout l'intérêt. Soyons crus : il s'agit d'une

15

expérience spirituelle. Ce ne sont pas les objets, les situations et les événements manifestés qui vous apporteront la satisfaction spirituelle, mais de regarder le Tao en action quand ces objets, ces situations et ces événements se mettent soudain à exister sous vos yeux ; voilà la bénédiction et voilà le but (s'il y en a un) de tout le processus de manifestation.

Mais qu'est-ce que ce Tao avec lequel vous dansez ? Le Tao, le Grand Esprit, l'Ineffable Indistinct, générant, imprégnant, animant, reliant et nourrissant la totalité de toute la création, ne peut se décrire avec des mots. Même un gars aussi bavard que moi échouerait à en donner une vague idée. Il est simplement beaucoup trop vaste pour tenir dans des mots, aussi bien choisis soient-ils. Mais il est possible d'en déclencher la perception – après tout, il se trouve au cœur existentiel de chacun de nous – en jouant à des jeux idiots. Les taoïstes de jadis avaient l'habitude d'appeler le Tao la mère de l'existence comme de la non-existence – la mère, notez bien, pas le père. L'image fait référence à sa nature nourricière. Mais il est clair que le Tao n'est pas vraiment une femme, ni un homme d'ailleurs. Manifestement, les taoïstes de jadis avaient le même penchant pour les jeux idiots que ceux de l'époque postmoderne, et puisque nous y sommes, suivez-moi jusqu'au bout dans l'idiotie et imaginez-vous ceci.

Vous faites la queue au réfectoire, une salle sinistre digne d'un orphelinat du XIXᵉ siècle, traînant des pieds à la manière des enfants, votre assiette vide à la main, le regard baissé vers le sol ou fixé sur les cheveux douteux du condisciple devant vous. D'un seul coup, vous vous retrouvez en tête de file, et, en levant les yeux, vous découvrez avec surprise et ravissement que la dame de la cantine n'est pas la femme vieille et revêche généralement dévolue à ce genre de travail, mais une véritable

" Vous n'avez rien à perdre mais le monde entier à gagner. "

vamp. Elle est avenante et sensuelle, ses lèvres sont pleines, elle porte une petite culotte de soie, des porte-jarretelles et des bas résille sous son tablier et est chaussée de talons aiguilles (si vous êtes une femme, imaginez un Apollon aux muscles saillants et au regard ravageur). Elle vous adresse un sourire bienveillant et dit : « Oui ? Qu'est-ce qui te plairait, jeune homme ? » Son langage corporel, l'expression de ses traits et le ton de sa voix suggèrent que vous pouvez demander n'importe quoi, n'importe quoi au monde, et qu'elle en garnira votre assiette.

« Je veux tout, vous entendez-vous répondre, pas juste la pureté ou la tranquillité d'esprit, Dame de la Cantine, mais absolument tout. »

Et au lieu de vous traiter de petite peste avide, elle sourit encore plus largement et dit : « Affaire conclue, mon enfant, mais danse d'abord avec moi ! » En fait, elle adore qu'on lui demande tout ; sa nature est de donner et de générer, elle est ici pour ça. Et elle adore aussi une bonne danse. Et c'est pour cela que nous aimons tant la Dame de la Cantine Universelle.

Comme je l'ai dit, c'est idiot, et il n'est probablement pas utile de graver cette métaphore dans le marbre, mais la Dame de la Cantine Universelle constitue pour le moment une bonne proposition de travail, même si un véritable taoïste ne s'autoriserait pas de telles personnifications, préférant ne pas toucher au bloc informe et brut d'absolu indifférencié qu'est le Tao. Mais nous sommes des taoïstes d'opérette selon les critères de jadis, et je suggère que nous nous autorisions cette innocente facilité afin que vous et moi comprenions, même de façon rudimentaire, le sens de l'expression « manifester ses désirs ». Et vous savez pourquoi ? Parce que…

Nous créons notre propre réalité et nous pouvons la créer comme cela nous chante

C'est vrai. Vous pouvez créer une réalité dominée par un ogre terrifiant, ou une réalité générée par un être aussi somptueux et sexy que notre adorée Dame de la Cantine Universelle. Tout dépend des modèles à votre disposition et de celui que vous choisissez. Tous les grands systèmes métaphysiques et toutes les grandes religions, une fois dépouillés des atours et des émotions superflus, ne sont que des modèles que les humains décident, consciemment ou inconsciemment, d'adopter. Ils prennent alors un pouvoir propre qui gouverne leur vie.

Tiens ! Une idée amusante vient de me traverser l'esprit. Imaginez que dans une centaine d'années, un sot bien intentionné découvre mon livre et fonde une nouvelle religion basée sur le culte de notre Dame de la Cantine Universelle. Près de l'autel, la prêtresse ou le prêtre, portant tablier, culotte de soie, porte-jarretelles et bas résille, balance à la louche purée et saucisses dans les assiettes des dévots venus pour leur saint sacrement hebdomadaire. J'aime bien cette idée ; je trouve qu'elle a de la chair.

Mais le temps, c'est de l'argent, et l'argent, c'est du temps ; retournons donc à nos moutons. L'esprit, lorsqu'il est maîtrisé, est tout-puissant : la réalité qu'il nous décrit est celle à laquelle nous croyons. Et ce n'est pas tout – nous arrivons ici à l'astuce métaphysique qui distingue ce livre d'une énième méthode pour faire fortune en un clin d'œil –, la

La Dame de la Cantine Universelle adore qu'on lui demande tout ; sa nature est de donner.

réalité à laquelle nous croyons est exactement celle qui va se déployer sur la scène de notre univers.

Autrement dit, si vous imaginez que le monde est un lieu hostile où vous devez vous battre pour la moindre miette, c'est la réalité que vous aurez. À travers votre langage corporel, les expressions de votre visage, le ton de votre voix et l'organisation de vos phrases, vous émettrez (inconsciemment) à l'adresse de tous ceux que vous rencontrerez des signaux disant : « Cogne-moi, cogne-moi ! » Ce qui est parfait si la souffrance vous botte.

Cependant, si vous n'aimez pas souffrir pour rien et si vous voulez prendre du bon temps pendant votre séjour sur la planète, vous avez toute liberté de croire que votre monde est un lieu chaleureux et aimant où il vous suffit de demander pour recevoir. Et il en sera ainsi, c'est aussi simple que ça !

Il n'existe en fait pas d'autres règles que celles que vous instaurez, pas de restrictions en dehors de celles que vous inventez. Le monde se conforme aux croyances que vous avez à son sujet.

Le monde

Le monde est un concept. Que voulez-vous dire par « le monde » quand vous prononcez ce mot ? Quel que soit le sens que vous y mettez, vous pouvez être sûr qu'il diffère, subtilement ou grossièrement, du sens que les autres y mettent. Bien sûr, il y aura des points de référence communs – la Terre est plus ou moins ronde et se cogner la tête fait mal, par exemple ; nous sommes tous d'accord là-dessus –, mais au-delà des éléments de base, chaque être humain se balade avec une conception strictement personnelle de la réalité. Le plaisir d'être sur Terre découle, d'ailleurs, de la diversité de ces points de vue. Les humains ont souvent essayé, et malheureusement essayent encore, de contraindre leurs congénères à croire au même concept, mais l'histoire des divisions au sein de toutes les religions, sans parler des divisions entre les religions elles-mêmes, suffit à prouver que la vie ne fonctionne pas ainsi.

Il est impossible d'obliger les gens à se conformer entièrement à une idéologie parce que chacun de nous, aussi endoctriné soit-il, invente sa propre réalité. Et, comme je l'ai dit, ce partage d'idées, de points de vue et de talents différents fait la beauté de notre présence et fait tourner « le monde ».

Donc, il n'y a pas de réalité objective ; « le monde » n'existe pas selon une perspective unique, mais selon une réalité subjective. Chacun d'entre nous a son monde et nous nous réunissons pour mettre en commun nos univers. Tout dépend alors de notre façon d'aborder le jeu, en partageant notre monde avec amour ou en le défendant dans la peur et la haine.

En outre, vous êtes libre de modifier votre conception du monde aussi souvent et aussi radicalement que vous le souhaitez. Cependant, pour rester en accord avec ce manifeste, je vous propose – au cas où vous tiendriez sérieusement à obtenir ce que vous désirez – de concevoir les choses selon les lignes du schéma taoïste qui suit.

Wu wei

Le *wu wei* (prononcez « wou weil ») décrit le processus pendant lequel notre Dame de la Cantine Universelle

Si vous pensez que le monde est un lieu hostile où vous devez vous battre pour la moindre miette, c'est la réalité que vous aurez.

" Nous nous baladons tous avec des conceptions complètement différentes de la réalité. Et vous êtes libre de modifier votre conception du monde aussi souvent et aussi radicalement que vous le souhaitez. **"**

dépose la nourriture proverbiale dans notre assiette après avoir fait dans nos bras un chouette petit tour de danse sur la piste. Littéralement, le terme désigne l'art d'amener les choses désirées à se manifester d'elles-mêmes tout en se ménageant. Attention ! La paresse n'a pas sa place ici ; il faut toujours suer sang et eau, la danse l'exige, mais travailler dur n'a jamais tué personne. Ce qui tue, c'est d'agir sous tension.

En fait, notre Dame de la Cantine Universelle refusera purement et simplement de danser avec vous si vous êtes crispé dans la Grande Salle de Bal de la Vie. Elle se trouvera un partenaire plus décontracté, plus gracieux et plus agile jusqu'à ce que vous ayez appris à vous lâcher un peu.

Le premier pas consiste donc à se relaxer.

Se relaxer

Savez-vous comment vous relaxer ? Savez-vous par où commencer ? La réponse se trouve dans votre corps. Détendez votre corps, et votre esprit se détendra de lui-même. Se détendre ne veut pas dire s'affaler sur le sol, mais décontracter chaque nerf, chaque muscle et chaque tendon pendant la danse. La manière la plus efficace d'y parvenir consiste à fixer son attention sur quelques points d'accumulation de tension ; en les libérant mentalement de la tension qui s'y est concentrée, vous décontracterez tout l'organisme, et donc l'esprit.

Relaxez votre plexus solaire ; cette région du haut de l'abdomen abrite votre diaphragme, le muscle qui actionne vos poumons. Cette zone où vous traitez les émotions a tendance à se raidir sous l'inévitable amoncellement résiduel de

Travailler dur n'a jamais tué personne. Ce qui tue, c'est d'agir sous tension.

toxines affectives, de traumatismes et de chagrins restés en souffrance. Or ce raidissement contrarie le schéma respiratoire. Respirer librement est la première clé de la relaxation. En outre, veiller en permanence à garder le plexus solaire suffisamment décontracté pour faire honneur à son nom, en donnant l'impression que le soleil y brille toujours, même par le temps le plus sombre, est extrêmement payant.

Quand une personne a peur du bas-ventre salissant et chaotique de la vie au point d'éprouver une envie compulsive de contrôler la réalité et de condamner les écoutilles, cette crainte conduit naturellement les muscles du sphincter anal à se serrer et à rester dans un état constant de contraction. Outre la nuisance causée aux viscères – la tension se transmet aux intestins et à l'estomac –, il en résulte une raideur de toute la région du bassin. Nous attribuons aux gens autoritaires et coincés le titre de « cul-serré » pour cette raison même. Or il est impossible de bien danser avec des hanches coincées, et la Dame (ou le Monsieur) de la Cantine vous expulsera de la piste en un rien de temps. Relâchez donc la tension au niveau de votre anus et sentez vos hanches se décontracter ; et quand vos hanches se décontractent, remarquez le soulagement qui s'étend à votre ventre, à votre dos et descend le long des jambes jusqu'aux orteils.

Relaxez votre nuque. La raideur de la nuque et des épaules provient, elle aussi, de ce que l'on essaie de tenir la vie sous le contrôle de la tête. Autoriser la nuque à s'assouplir et à s'étirer relâche les épaules et le haut du dos. Le sang irrigue alors mieux le cerveau, ce qui éclaircit les idées et augmente l'acuité des acquisitions sensorielles par les yeux, les oreilles, le nez et la bouche.

66 Détendez votre corps, et votre esprit se détendra de lui-même. **99**

Relâchez les muscles de vos sphincters ; je sais, je sais : ce n'est pas très poli de parler d'anus en société.

Décontractez votre visage. La partie de votre corps avec laquelle vous faites littéralement face au monde accumule de la tension à votre insu (crispations des mâchoires et froncements de sourcils) et cette tension brûle une énergie précieuse qui devrait circuler dans le corps. Autorisez simplement vos traits à perdre toute expression ; essayez de ressembler à un simple d'esprit et vous sentirez la tension s'écouler du cerveau par la gorge et l'avant du corps.

Enfin, détendez votre poitrine. Dire de quelqu'un qu'il a bon cœur et qu'il déborde d'amour est probablement le plus beau compliment que l'on peut faire. Nous aimons tous, et en particulier notre Dame de la Cantine Universelle, ceux qui ont bon cœur. Ne croyez pas qu'avoir bon cœur est un attribut dont on est doté ou non à la naissance. Si votre poitrine est détendue, vous aurez bon cœur. En outre, si vous réduisez la pression exercée sur les vaisseaux sanguins irriguant le muscle cardiaque et les poumons, vous favoriserez votre longévité. Vous aurez ainsi plus de temps pour perfectionner vos évolutions sur la piste de danse, et donc manifester davantage. Relâchez sans plus tarder la tension dans votre poitrine, et sentez le soulagement se répandre dans vos bras et vos mains, augmentant votre dextérité générale et votre capacité à manier la vie avec efficacité.

À l'évidence, effectuer ces décontractions une seule fois, malgré le plaisir et le bénéfice tirés de l'expérience, n'est pas d'une grande utilité à long terme. Pour en tirer un profit durable, assez durable pour avoir le temps de danser sérieusement, vous devez les pratiquer en permanence, à partir de maintenant et jusqu'à votre mort. Veillez à vous décontracter ; décontractez-vous constamment : quand vous travaillez, quand vous vous reposez et quand vous vous amusez.

Dire de quelqu'un qu'il a bon cœur et qu'il déborde d'amour est probablement le plus beau compliment que l'on peut faire.

Une chose vous a peut-être échappé : j'attire votre attention sur le flux qui, à partir du plexus solaire, descend dans le bas-ventre et remonte dans le dos par la colonne vertébrale jusqu'à la nuque, puis le sommet de la tête, avant de redescendre par le visage et la gorge jusqu'à la poitrine. Cette boucle a été baptisée l'« orbite microcosmique ». Faire emprunter à votre esprit cette boucle, en suivant l'épine dorsale vers le haut, et le milieu du torse vers le bas, entraîne votre énergie sur le même trajet et compte parmi les outils métaphysiques les plus puissants à votre disposition. C'est ça, en fait, qui est…

La révolution interne

Si vous entrez dans un état suffisamment profond de méditation ou de conscience altérée en sachant ce que vous cherchez, vous remarquerez, au niveau le plus fondamental de votre être, qu'un flux d'« énergie prénatale », selon les mots des taoïstes, effectue un mouvement continu. Il suit dans votre dos votre colonne vertébrale pour s'élever jusqu'au sommet de votre tête, puis de là, descendre par le milieu du torse, à l'avant. C'est ce flux qui fait tenir ensemble tous les éléments du soi en une forme suffisamment significative pour que chacun puisse se reconnaître comme une entité distincte sur tous les plans, du plus profond au plus superficiel. Ainsi, à cette dernière extrémité du spectre, il vous suffit, pour vous reconnaître comme une entité, de vous regarder dans le miroir. Sachez que la force qui vous tient en un seul morceau et qui vous permet au départ de vous poster devant le miroir est cette « énergie prénatale ». Même quand vous laisserez tomber votre corps pour mourir, selon les taoïstes, ce flux vous donnera une intégrité suffisante,

32

sous une forme spirituelle, pour que vous vous reconnaissiez – mais il peut bien sûr s'agir d'une pure conjecture, est-ce vraiment important de toute manière ? Ce qui compte réellement, c'est le rôle immense joué par cette force fondamentale : s'unir consciemment à elle donne le pouvoir de manifestation des Immortels (les dieux).

Dès que l'on a appris à lier sa conscience à cette boucle d'énergie, il devient facile de manifester tout ce que l'on désire. Il serait tentant de développer ce sujet pendant des pages et des pages, mais mieux vaut, à tous points de vue, le vôtre comme le mien, vous mettre immédiatement le pied à l'étrier puis vous expliquer comment utiliser spécifiquement cette force pour manifester ce que vous désirez. Vous pourrez ainsi voir comment elle fonctionne et elle cessera d'être une simple considération intellectuelle. Donc, si l'idée vous convient, asseyez-vous confortablement de manière à répartir équitablement votre poids entre vos deux fesses et à avoir la colonne vertébrale la plus droite possible. Passez en revue les points de relaxation décrits plus haut, en commençant par le plexus solaire et en donnant à votre respiration un rythme fluide et régulier. Détendez les muscles du sphincter anal et du bassin, étirez et décontractez votre nuque, relâchez vos traits, votre gorge et votre poitrine, et sentez vos membres s'amollir jusqu'à vos doigts et vos orteils.

Maintenant, en inspirant, visualisez et imaginez ; visualisez-vous en train d'imaginer ; imaginez-vous en train de visualiser ; ou sentez simplement le souffle remonter d'entre vos jambes le long de votre colonne vertébrale et de votre nuque pour atteindre le sommet de votre tête. Expirez maintenant, et sentez le souffle redescendre par votre visage, votre gorge, votre poitrine, votre plexus solaire, la partie inférieure de votre abdomen et votre pubis pour finir entre vos jambes, prêt à remonter par la colonne vertébrale.

Si vous éprouvez du mal, au début, à suivre mentalement la boucle à la vitesse de votre respiration, contentez-vous de déplacer lentement votre esprit tout en respirant naturellement. Souvenez-vous, c'est juste un procédé permettant d'unir votre conscience au flux prénatal qui circule de toute façon. Vous n'essayez pas de lancer quelque chose qui n'était pas déjà là mais de prendre conscience de quelque chose qui existe. Soyez patient parce que le lien conscient peut mettre entre trois secondes et trente ans à s'établir. Mais le temps n'a pas d'importance ; ce qui compte, c'est qu'en plaçant votre attention sur le flux qui circule le long de la boucle, vous activez immédiatement votre pouvoir de manifestation. Je vous en expliquerai bientôt tout l'effet, mais d'abord, quelques (milliers de) mots de plus sont nécessaires pour expliquer les fondements de la visualisation et tout ce qui s'ensuit.

En attendant, entraînez-vous désormais à garder en permanence conscience de cette révolution interne, pendant toutes vos activités de la journée et de la nuit, en travaillant, en vous reposant, ou en vous distrayant, et vous remarquerez au bout de quelques jours que votre corps, votre esprit et votre âme se sentent plus forts.

Maintenant, avant d'aller plus loin sur le chemin de l'exaucement de vos désirs grâce au *wu wei*, je dois vous poser une question, afin que vous puissiez vous la poser (bien sûr).

Entraînez-vous à garder en permanence conscience de cette révolution interne, quelles que soient vos activités du jour ou de la nuit.

Mais que désirez-vous vraiment ?

C'est étrange ; tous les jours, vous vaquez à vos occupations, la tête occupée par un dialogue interne – une conversation plus ou moins ininterrompue avec vous-même à propos de ce que vous désirez –, et pourtant, il suffit que quelqu'un, peut-être un ange, peut-être un médecin aux pieds nus, vous interroge sur vos souhaits pour que vous vous mettiez à bredouiller : « heuuu… » et que vous soyez en proie à la confusion créée par un millier d'images formant un tourbillon kaléidoscopique dans votre cerveau. Donc, pour faire simple, permettez-moi de présenter humblement les dénominateurs communs à la racine de tous les désirs humains, probablement, mais pas nécessairement, par ordre d'importance :

– air pur ;
– eau pure ;
– nourriture saine ;
– abri ;
– vêtements (y compris, pour le confort, chaussures, accessoires de mode, produits de toilette et de bain, parfums, pince à épiler, ciseaux à ongles, rasoirs et tous les machins dont vous avez besoin pour vous trouver présentable) ;
– chaleur physique ;
– confort physique ;
– force ;
– endurance ;
– énergie ;
– santé ;
– longévité ;
– beauté physique ;
– confiance en soi ;
– liberté de déplacement (y compris moyens de transport fiables) ;

– sexe ;
– compagnie empathique (chaleur humaine) ;
– liberté de pensée ;
– liberté de choix ;
– liberté d'expression ;
– amour ;
– respect ;
– emploi rémunéré et épanouissant ;
– statut social ;
– bonne réputation ;
– popularité (impliquant peut-être la célébrité) ;
– sécurité ;
– divertissement ;
– sentiment d'être à sa place (partout) ;
– tranquillité d'esprit (notamment être en paix avec l'idée de mourir un jour, et avoir une philosophie ou un modèle existentiel utilisables et fiables qu'ils aient ou non des fondements spirituels) ;
– pureté du cœur (donc authenticité et intensité de vécu) ;
– beaucoup, beaucoup de plaisir, de rires et de sourires ;
– et, bien sûr, des masses et des masses d'argent.

Et en plus de tous ces bienfaits, vous souhaiterez probablement, une fois que vous aurez tout obtenu, améliorer la qualité de chacun de ces désirs, ainsi qu'augmenter leur quantité en général ; autrement dit, avoir toujours plus, plus, plus.

Qu'en pensez-vous ? Manque-t-il quelque chose à la liste ? Vous allez probablement crier « le bonheur ! », mais il serait stupide d'essayer de manifester le bonheur, car il va et vient à sa guise, et tenter de s'y attacher quand il vient entraîne la déception quand il s'en va. Voilà pourquoi la paix de l'esprit figure à sa place, parce que vous pouvez vous y fier, que vous soyez heureux ou pas. De toute façon, elle rend d'habitude plutôt heureux.

Vous pouvez tourner la question dans tous les sens mais je crois que, d'une manière ou d'une autre, la liste couvre à peu près le sujet. Allons-nous la prendre comme modèle pour lancer notre manifestation ? Oui, car le reste se résume à ce que vous apporterez comme embellissement, mise en couleurs et adaptation à vos spécifications. Bon, maintenant que ce point est réglé, je dois vous poser une autre question : qu'est-ce qui vous empêche d'avoir tout ce que vous désirez en quantité suffisante et qui vous donne (toujours) envie de lire ce livre ?

Absolument rien. Cependant…

Vous prenez sans doute plus de plaisir à vouloir qu'à obtenir

C'est vrai, aussi bête que cela paraisse, vous préférez peut-être en réalité le cocktail d'endorphines (les drogues internes), libéré quand vous désirez quelque chose, au mélange sécrété quand vous l'obtenez ; ce qui est parfaitement compréhensible. Pour commencer, cet état vous est familier, et même si vous pensez le détester, au fond de vous, vous l'adorez – simplement parce que l'essence de l'être humain est de s'accrocher à ce qui est, même si cela lui pèse, et à l'aimer. C'est la glu utilisée par la nature pour se donner forme. Deuxièmement, vous savez que dès que vos désirs seront exaucés, vous devrez non seulement assumer un nouveau lot de responsabilités, mais aussi subir la désorientation de la nouveauté et faire le deuil de l'ancien. Or vous avez

❝Il serait stupide d'essayer de manifester le bonheur, car il va et vient à sa guise, et tenter de s'y attacher quand il vient entraîne la déception quand il s'en va.**❞**

peur du changement et au bout du compte de la mort (à laquelle tous les changements finissent par conduire).

Au niveau le plus profond de votre être et en vous appuyant sur les preuves fournies par les années passées, en remontant jusqu'à la matrice, vous inventez donc des raisons de ne pas pouvoir obtenir ce que vous désirez. Ces raisons entrent généralement dans deux catégories : je ne le mérite pas et je ne peux pas y arriver. Ces catégories se subdivisent en croyances plus insidieuses, notamment : si j'ai plus, ce n'est pas juste pour les autres qui ont moins, je vais les priver de ce qui leur appartient ; ce monde est hostile et impitoyable, il ne me donnera pas ce que je désire ; les autres seront jaloux, ils me haïront (et même me détruiront) si j'obtiens ce que je désire ; et même, obtenir ce que je désire ne m'empêchera pas de rester malheureux.

Vous éprouvez peut-être la tentation d'examiner en profondeur vos propres ressorts, d'une manière pseudo-psychothérapeutique, mais je vous déconseille cette démarche dans l'immédiat, car ce qui nous intéresse ici n'est pas comment vous avez fini en prison, mais comment en sortir. La porte est ouverte et le premier pas consiste à regarder autour de vous (littéralement et métaphoriquement) et à accepter (pleinement, de tout votre cœur, de toute votre âme et de toute votre force) que…

Vous avez exactement tout ce que vous désirez en ce moment même

Si vous souscrivez au principe selon lequel vous créez votre propre réalité, votre contexte résultant directement des convictions de votre esprit, il devient alors assez évident que vous avez à l'instant même exactement ce que vous désirez, même si c'est nul. Si vous refusez ce constat, alors, vous ne croyez pas que vous créez votre propre réalité, et si vous n'y croyez pas, vous ne pourrez pas utiliser le *wu wei* pour obtenir ce que vous désirez à partir de maintenant, parce que vous ne serez pas dans une position de pouvoir. Vous devez donc admettre que ce que vous avez est bien ce que vous désirez pour permettre une évolution ou une amélioration conforme à vos souhaits.

Et voilà, c'est fait, vous avez déjà exactement ce que vous désirez. Le problème est réglé. Arrêtez de lire, posez le livre et allez en profiter. Néanmoins, avant de vous y mettre, il y a une ou deux petites choses que je dois vous dire.

Eh bien, pas mal de choses en fait, à commencer par l'idée d'avoir un…

Esprit vide

Selon les préceptes de la voie du *wu wei,* une fois suffisamment détendu pour danser avec la Dame de la Cantine, vous devez vider votre esprit. Alors, allez-y, videz votre esprit ! C'est fait ? Non, bien sûr que non ! Vider son esprit est l'une des choses les plus difficiles qu'une personne puisse tenter sur cette planète. Ne vous découragez pas pour autant. En fait, considérez la question comme un défi à relever avec enthousiasme, car tant que vous n'aurez pas réussi à obtenir de temps en temps un bref moment de silence là-dedans, votre *wu* ne pourra tout simplement pas y aller de son *wei*. Il y a une bonne raison à cela : pour manifester ce que vous désirez, vous devez d'abord avoir une image claire de ce que c'est, et c'est impossible si votre esprit crépite d'interférences. Essayez d'écouter deux chansons passant au même volume sonore et en même temps ! J'ai dit que vider son esprit était difficile, mais ce n'est pas impossible, et une fois le coup pris, cela devient en fait extrêmement facile.

Pour commencer, vous devez croire que vous êtes capable de contrôler votre esprit plutôt que de subir son pouvoir. Pour vous aider à y parvenir, il existe mille huit techniques différentes, issues d'une pléthore de disciplines spirituelles, dont les suivantes, par exemple :

Imaginez-vous debout près d'une rivière en train de jeter dans le courant, pour qu'il l'emporte, chaque pensée dès qu'elle éclôt.

Regardez sans intervenir chaque pensée surgir du néant et se disperser à nouveau, en prenant soin de ne pas manquer la dispersion, de peur de vous perdre dans la pensée et de vous laisser emporter. Comptez vos inspirations et vos expirations de un à neuf, et reprenez du début, ou, si vous préférez, comptez de un à mille quatre-vingt en recommençant à zéro chaque fois que vous vous égarez dans une pensée. Visualisez un trou noir extrêmement profond et répétez, silencieusement ou à haute voix, un mantra (formule sacrée) comme :

– *Om* (approximativement, le gargouillement du ventre de la Dame de la Cantine Universelle) ;

– *Om mane padme hum* (approximativement, « je me soumets à l'éclair du vide ») ;

– *Om shanti* (approximativement, « paix ») ;

– *Nam yoho renge kyo* (approximativement, « je me soumets à la loi de cause et d'effet ») ;

" Pour manifester ce que vous désirez, vous devez d'abord avoir une image claire de ce que c'est, ce qui est impossible si votre esprit crépite d'interférences. **"**

❝ Imaginez-vous debout près d'une rivière en train de jeter dans le courant, pour qu'il l'emporte, chaque pensée dès qu'elle éclôt. **❞**

– *Gaté, gaté, paragaté, parasamgaté, bodhishava* (approximativement, « va, va, va au-delà, va au-delà de l'au-delà : devant toi, à l'intérieur, qui va, je m'incline ») ;

– *Fortuna, Fortuna, donne-moi tartines et chocolat* (approximativement, « Déesse de la Chance, assure ma subsistance »), ou ce qui vous chante en fait, du moment que vous répétez l'antienne sans cesse, afin d'annuler les pensées dans votre cerveau antérieur.

Ou vous pouvez simplement dire à votre esprit, avec l'autorité, la compassion et la fermeté les plus grandes : « Ferme ta p… de g… ! » (ce qui est en gros ma façon de faire).

La méthode choisie n'a pas vraiment d'importance tant qu'elle vous apporte des moments, même brefs, de vide, mais quelle qu'elle soit, commencez à pratiquer immédiatement et continuez jusqu'à votre mort si vous voulez réellement…

Dessiner une image claire de manière à obtenir ce que vous désirez

En avant, passons à l'action. Mais procédons méthodiquement, en utilisant le modèle (soigneusement réfléchi) mentionné plus haut. Réalisons une expérience interne complète de ce que vous voulez manifester en Technicolor, Omnisens et Dolby 7.1 Surround Sound à laquelle ne manquent ni l'odeur, ni le toucher, ni le goût. Commençons tout de suite par :

Air pur

Nous devons commencer à la base, et rien n'est plus basique, non seulement pour notre survie, mais aussi pour notre bien-être, que de respirer de l'air pur (ou relativement pur), au moins pendant notre séjour sur la planète. Imaginez-vous en train de respirer de l'air pur ; sentez comme il met en joie vos poumons et oxygène votre cerveau. Cet air que vous respirez désormais tout le temps vous suit partout où vous allez. En outre, en vous représentant en train de respirer de l'air pur, vous avez plus de chances de manifester des lieux concrets où vous pourrez le respirer réellement.

Eau pure

Imaginez-vous en train de jouir en permanence d'un accès aisé et sans restriction à une eau potable pure, ou relativement pure ; sentez-la caresser votre œsophage en descendant. Même si vous n'avez pas manqué d'eau pure jusqu'à présent, il est extrêmement probable, sans vouloir vous inquiéter, qu'à relativement court terme, disposer d'une eau relativement pure pour s'abreuver et cuire ses aliments deviendra de plus en plus rare sur la planète, alors visualisez bien, ami, et peut-être ferez-vous apparaître une source d'eau limpide dans votre jardin.

Nourriture saine

Imaginez-vous en train de manger toujours ce qu'il y a de meilleur (et de plus sain) sur une table dressée pour un festin digne d'une reine ou d'un roi. Voyez l'éclat des verts, la profondeur des bruns, des ors et des jaunes, la luxuriance des rouges et des oranges ; sentez les arômes caresser sensuellement vos narines, les saveurs réjouir votre palais et chatouiller votre langue. Visualisez bien, car comme l'eau pure, les aliments sains vont être de plus en plus rares, et un approvisionnement régulier sera extrêmement bénéfique à l'entretien de votre bien-être.

Abri

Même si le but essentiel d'un abri est de fournir une protection adéquate contre les éléments, ainsi que de l'intimité, votre (ou de vos) domicile(s) vous procure(nt) aussi l'espace où mettre en scène le théâtre de votre vie avec un éventail complet d'accessoires, d'éclairages et d'effets sonores. Ne vous retenez donc pas pour cette visualisation : donnez à votre (ou de vos) domicile(s) parfait(s) la situation, l'exposition, le plan, l'ameublement, l'équipement et le jardin paysager dont vous avez exactement envie. Allez aussi loin dans le détail que vous le pouvez, jusqu'à la finition des prises électriques, la douceur de la literie, la largeur de l'écran de télévision, la couleur des murs et des sols, la forme de la piscine, la température du sauna et le vert du feuillage agité par la brise. Représentez-vous tenant la clé à la main, ouvrant la porte et entrant, emplissez vos narines de l'odeur, faites courir vos doigts sur les plans de travail de la cuisine, contemplez votre reflet dans le miroir de la salle de bains et promenez-vous fièrement parmi les tulipes du jardin.

Vêtements

(y compris, pour le confort, chaussures, accessoires de mode, produits de toilette et de bain, parfums, pince à épiler, ciseaux à ongles, rasoirs et tous les machins dont vous avez besoin pour vous trouver présentable)

La fonction fondamentale des vêtements est de nous protéger à la fois des éléments et d'une arrestation pour exhibitionnisme – quand nous ne sommes pas chez nous

Imaginez-vous en train de jouir en permanence d'un accès aisé et sans restriction à une eau potable pure, ou relativement pure.

ou dans des zones officiellement naturistes. Pourtant, l'industrie de la mode ne serait pas aussi développée sur l'ensemble de la planète si nous ne possédions pas une propension compulsive à nous habiller dans le but de nous impressionner mutuellement. Il est possible, mais peu probable, que vous ayez atteint un niveau d'éveil tel que vous échappiez à ce petit travers humain. Dans le cas contraire, visualisez maintenant votre garde-robe pleine des plus belles parures et chaussures que vous arrivez à imaginer, visualisez les étagères de votre salle de bains garnies de tous les produits nécessaires pour bichonner votre corps de rêve. Imaginez que vous sortez de chez vous tiré à quatre épingles, élégant jusqu'au bout de vos ongles manucurés (ou habillé de fripes néo-hippie chic, ou de ce que vous aimez porter), percevez le contact du tissu sur votre peau hydratée et celui du cuir enveloppant vos pieds pédicurés.

Chaleur physique

Imaginez pour l'hiver un feu de cheminée, un chauffage par le sol, un double vitrage et un toit bien isolé, et pour l'été, la caresse du soleil sur vos épaules ou tout autre moyen d'avoir chaud. Visualisez-vous toujours envahi d'une douce chaleur ; sauf, bien sûr, dans les rares occasions où votre chaudière tombe en panne et où le plombier vous arnaque, circonstances inévitables contre lesquelles même le pouvoir du *wu wei* n'est pas de taille.

Confort physique

Contrairement à ce que vous pensez peut-être, vous sentir bien à l'intérieur de votre peau ne dépend pas uniquement d'une combinaison des éléments cités plus haut, mais aussi de la souplesse de votre corps et de l'absence de souffrance. Donc, visualisez-vous aussi souple qu'une anguille, sans la moindre douleur ou gêne physique. Ne l'imaginez pas seulement d'une manière abstraite, mais sentez de l'intérieur que chaque membre et élément du corps est à la fois détendu, délié et libre de toute douleur.

Force

Il est inutile d'expliquer pourquoi vous avez besoin d'inclure la force sur la liste des choses à manifester. Sans force, vous êtes faible, et si vous êtes faible, vous ne résisterez pas à la violence du monde : vous vous ferez renverser par la vie. Le terme s'applique ici aussi bien à la force mentale qu'à la force physique, bien qu'en général, la première découle de la deuxième (et dans une certaine mesure la deuxième de la première). Visualisez donc des muscles du dos puissants comme ceux d'un bœuf, des biceps et des quadriceps sculpturaux, des abdominaux et des pectoraux fermes, fiers et bien dessinés. Ne vous contentez pas de les voir, sentez-les de l'intérieur et poussez le concept jusqu'à inclure les moindres muscle, tendon, nerf, os, viscère, vaisseau sanguin, organe sensoriel et autre constituant de votre corps. Soyez fort, camarade, sœur ou frère : la révolution a besoin de vous.

Endurance

Wu wei ou pas, vous aurez besoin d'endurance pour accomplir tout ce dont vous avez besoin pour manifester ce

66 Sans force, vous êtes faible, et si vous êtes faible, vous ne résisterez pas à la violence du monde. **99**

que vous désirez. Elle vous est nécessaire même pour traverser une simple journée, alors imaginez-vous infatigable et doté d'une endurance sans limites, une endurance suffisante pour déplacer non pas une montagne, mais dix sommets. Et ne vous contentez pas de visualiser, sentez l'endurance s'accumuler dans vos os et vos tissus, en particulier dans les cuisses, qui fournissent le lieu de stockage idéal.

Énergie

Eh bien, c'est évident, vous avez besoin d'une source d'énergie illimitée pour ne pas vous écrouler avant que la moindre bonne chose arrive. Vous avez aussi besoin d'énergie pour soutenir votre visualisation, notamment pour utiliser la boucle microcosmique, un processus que nous allons expliquer. Imaginez-vous donc imprégné d'une énergie infinie ; voyez cette énergie vous remplir, vous porter et vous entourer, peut-être sous forme de lumière, peut-être comme une vapeur invisible – à vous de décider. Ne vous contentez pas de la voir, sentez-la, car vous créez votre propre réalité. Percevez-vous imprégné, soutenu et entouré jusqu'au jour de votre mort : il serait absurde de vous programmer à flancher en vieillissant, vous ne pourriez pas profiter de ce que vous êtes en train de manifester.

Santé

Sans préambule, visualisez un riche liquide doré, l'élixir doré de la vie, pénétrant le sommet de votre tête, se déversant dans votre cerveau et traversant votre gorge pour envahir votre corps ; se répandant dans votre cœur,

" Imaginez-vous imprégné d'une énergie infinie. **"**

vos poumons, votre foie, votre rate, vos reins, vos intestins, vos organes sexuels, et tous les autres recoins ; coulant dans vos bras, vos mains, vos hanches, vos cuisses, vos mollets et vos pieds ; baignant au passage chaque cellule, les revivifiant une à une pour votre plus grand bien-être. Visualisez-vous jouissant d'une robuste santé alors que vous vous déplacez dans votre domicile parfait, plein d'énergie, de force et d'endurance, somptueusement habillé et parfumé.

Longévité

Il peut paraître présomptueux d'envisager la possibilité de prolonger sa durée de vie. Mais vous n'avez rien à perdre à ajouter tout de même la longévité au tableau, peut-être même y gagnerez-vous de nombreuses années supplémentaires ? Je le fais en permanence et je reste vaillant à 153 ans ; je jouis en plus d'une mine et d'une forme resplendissantes ! Donc, sans plus de cérémonie, visualisez vos cellules en train de se reprogrammer pour une durée de vie plus étendue. Et visualisez-vous, si le cœur vous en dit, mourant quand votre heure sera venue, en ayant bon pied, bon œil, malgré votre très grand âge et le visage fendu d'un large sourire de totale plénitude ?

Beauté physique

Vous pensez peut-être qu'il existe une certaine beauté dans le fait d'être laid, mais c'est faux, sinon le terme « laideur » n'existerait pas. Mais avant d'aller plus loin, je souhaite rappeler que si des considérations conventionnelles

Visualisez-vous jouissant d'une robuste santé alors que vous vous déplacez dans votre domicile parfait, plein d'énergie, de force et d'endurance, somptueusement habillé et parfumé.

comme la symétrie des traits et la fermeté des muscles accentuent la beauté physique, celle-ci n'en dépend pas exclusivement. Au contraire, la beauté physique – l'effet qui donne aux gens l'envie de poser les yeux sur nous – naît de la projection de notre beauté spirituelle innée par l'intermédiaire de nos traits et de notre corps. Donc, même sans avoir reçu la bénédiction (ou la malédiction) d'une forme parfaite, vous pouvez projeter de la beauté tel que vous êtes, et augmenter ainsi votre pouvoir de séduction. Car après tout, si nous voulons être beaux, c'est pour mieux inspirer l'amour, et donc être davantage aimés. À cette fin, imaginez-vous rayonnant de tant de beauté en vaquant à vos occupations dans votre résidence parfaite ou ailleurs, que tous ceux qui posent les yeux sur vous en éprouvent instantanément du bonheur, comme s'ils venaient de contempler un ange descendu des cieux. Et ne vous contentez pas de le visualiser, sentez cette beauté envahir votre visage et votre corps comme une lueur perceptible.

Confiance en soi

Si vous manquez d'assurance, la Dame de la Cantine va vous ignorer dans la file d'attente. Avoir confiance en vous est sans doute votre contribution la plus importante au marché. Car si vous n'avez pas confiance en vous, les autres n'auront pas confiance non plus, et les opportunités, qui, en fin de compte, vous sont proposées par l'entremise d'autres personnes, vous passeront sous le nez. En revanche, si vous gardez plus ou moins constamment foi en vous, les autres vous imiteront, et des occasions surviendront à chaque pas sur le Grand Boulevard. Alors n'hésitez pas : visualisez-vous imprégné d'une suprême assurance. Voyez la confiance en vous

Si vous n'avez pas confiance en vous, personne d'autre n'aura confiance non plus.

marquer vos traits et votre langage corporel ; sans arrogance, mais avec une humble dignité. Voyez-la briller dans vos yeux et écoutez comme elle donne du timbre à votre voix.

Liberté de déplacement
(y compris moyens de transport fiables)

Considérer que la liberté de mouvement est acquise est une négation de la perspective historique. La liberté de déplacement est une expérience relativement nouvelle pour les humains qui ont, par défaut, tendance à se restreindre et à restreindre les autres à tout bout de champ. Visualisez-vous donc immunisé contre toute limitation à votre libre circulation, quel que soit l'endroit où vous souhaitez voyager. Aucun barrage routier, aucun poste frontière, aucun embouteillage, aucun cours d'eau, aucun massif montagneux ni aucun océan ne peut entraver votre progression, comme si vous aviez le pouvoir de vous rendre invisible et de contourner ainsi aisément tout obstacle. Et ne vous contentez pas de le voir, sentez l'excitation que cette liberté de déplacement provoque dans votre corps.

Sexe

Parmi les activités à notre portée, le sexe est, peut-être, l'une des plus exaltantes, des plus bénéfiques, des plus fécondes, et, bien sûr, des plus génératrices de vie. Presque tout le monde en convient, y compris Dame Nature elle-même, mais parce qu'il impose dans l'idéal la participation volontaire d'une autre personne (ou d'autres personnes, pour les plus avides), s'y livrer peut être assez délicat à négo-

Visualisez-vous en train de jouir sans honte ni culpabilité ou inquiétude d'une vie sexuelle splendide, multiorgasmique et saine (sans maladie ni gueule de bois).

cier par moments. Donc, préparez-vous à l'action et, sans vous laisser aller (pour l'instant) à des fantasmes sentimentaux ou masturbatoires, visualisez-vous en train de jouir sans honte ni culpabilité ou inquiétude d'une vie sexuelle splendide, multiorgasmique et saine (sans maladie ni gueule de bois). Percevez-en également l'odeur, la saveur, les bruits et les sensations tactiles. En vraie bombe sexuelle, sentez-la tout de suite bouger en vous comme une vapeur de séduction érotique personnelle.

Compagnie empathique
(chaleur humaine)

Sans elle, vous avez vite fait de vous dessécher, de sombrer dans la folie et de mourir, sauf si vous avez atteint le stade ultime de la maîtrise de l'ego et êtes capable de méditer des mois d'affilée dans l'incontestable félicité de la solitude, ce qui est assez peu probable. Visualisez-vous donc maintenant entouré et soutenu par un réseau de personnes pleines de compassion et avec qui vous partagez une empathie totale. Ce réseau comprend vos amants ou maîtresses, vos partenaires, les membres de votre famille, vos amis et vos collègues. Sentez la chaleur que cela crée dans votre cœur et dans votre âme. Voyez-vous avancer sur le Grand Boulevard de la Vie en attirant partout une compagnie généreuse, aimante et en phase avec vos émotions.

Liberté de pensée

Voir ses idées enfermées dans un modèle de réalité limité ne fait plaisir à personne. Personne n'a envie que la négativité entrave son imagination. Tout le monde veut être créatif, en pensée au moins. La liberté d'utiliser pleinement votre imagination à l'élaboration de tous les concepts qui vous chantent est un grand trésor auquel vous pouvez avoir immédiatement accès en vous visualisant comme un Einstein doté d'une totale liberté d'imagination et ayant accès à toute la créativité de l'univers. Imaginez-vous le sommet de la tête béant, en train de télécharger des données alors même que nous parlons.

Liberté de choix

C'est un gros morceau. Si vous viviez dans un État policier, votre liberté de choix, aujourd'hui, serait bien plus limitée et ne pourrait s'exercer au grand jour. Mais même dans les sociétés tolérantes, nous avons l'habitude de réduire notre éventail de possibilités en refusant d'utiliser correctement notre imagination, limitant ainsi la gamme d'expériences à notre portée. C'est l'une des principales causes du phénomène de dépression rampante accablant notre société actuellement – comble de l'ironie à une époque où le choix d'expériences disponibles n'a jamais paru aussi large. Visualisez-vous maintenant comme une personne qui sait qu'elle a une liberté de choix absolue ; voyez comment ce sentiment marque vos traits, anime votre corps et donne du timbre à votre voix. Voyez-vous à l'instant avec le monde entier à vos pieds.

Liberté d'expression

Nous aimons tous avoir une discussion animée et affirmer notre point de vue. Une fois encore, nous considérons que ce

Visualisez-vous comme un Einstein doté d'une totale liberté d'imagination et ayant accès à toute la créativité de l'univers.

droit est acquis, alors qu'il s'agit en fait d'un trésor rare. L'opposition potentielle ne vient pas uniquement de l'extérieur, mais aussi de l'intérieur lorsque nous manquons d'assurance ou n'avons pas de talent pour communiquer. Donc, voyez-vous immédiatement doté d'une totale liberté d'expression, exprimant vos convictions en usant de tous les moyens appropriés (verbaux, musicaux, visuels, etc.) avec aisance, clarté et élégance, et voyez-vous volontiers écouté et compris.

Amour

Si vous êtes d'humeur sentimentale, ou dans une phase de grande nostalgie des Beatles et de leur tube *All you need is love,* vous placerez l'amour au sommet de la liste avant même l'air pur parce que, sans aucun doute, le besoin de donner et recevoir de l'amour (à et de tout le monde) sous-tend toutes nos interactions avec autrui. Mais je ne vais pas dire, comme les Beatles, que vous n'avez besoin de rien d'autre, parce que sans air pur, sans eau pour assouvir votre soif, sans un minimum dans l'estomac, sans un toit au-dessus de votre tête, sans l'absence de souffrance ou de maladie, sans force et sans tout ce que j'ai mis sur ma liste, vous n'allez pas vous sentir très porté sur l'affection. J'ajoute que sans quelques jolies fringues et un brin de toilette de temps en temps, vous risquez de ne pas valoir grand-chose sur le marché des cœurs à prendre. Mais une fois les besoins fondamentaux remplis ou transcendés, nous voulons tous de l'amour, et pas seulement l'amour charnel ou romantique, mais la variété inconditionnelle et universelle, accompagnée d'une bienveillance générale au quotidien. Donc, visualisez-vous maintenant la poitrine complètement décontractée, le cœur ouvert, dégageant l'amour, et en même temps recevant l'amour envoyé par six milliards d'humains serrés sur la planète. Ils comprennent vos partenaires, vos amants et maîtresses, les membres de votre famille, des amis, de vagues connaissances et de parfaits étrangers. Ne vous contentez pas de voir cet amour que vous dégagez et que vous recevez ; sentez-vous resplendir d'amour.

Respect

Les mésententes et les querelles, les crises de fureur, la violence et la guerre démarrent presque toujours parce qu'un individu a l'impression qu'un autre individu lui manque de respect d'une manière ou d'une autre. Tout le monde veut du respect – il est presque essentiel à la survie psychologique – et pour en obtenir, comme vous le savez, il faut savoir en accorder à autrui, bien sûr, mais avant tout à soi-même. Mais quelle forme prend-il ? Je n'en sais rien ; vous allez devoir construire votre propre image, mais faites-le maintenant. Visualisez-vous parfaitement digne de respect, respecté et respectueux, comme un maître (ou une maîtresse) asiatique de quelque art obscur et très ancien, baignant dans une discrète mais incontestable atmosphère de respect. Sentez comment cela modifie subtilement votre comportement.

Emploi rémunéré et épanouissant

Vous rêvez peut-être de traîner sous la couette toute la journée (en particulier si vous vous réveillez fatigué le matin), pourtant vous vous lasseriez probablement de cette inactivité au bout de quelques jours, comme vous le diront

Visualisez-vous maintenant la poitrine complètement décontractée, le cœur ouvert, dégageant l'amour, et le recevant en même temps des six milliards d'humains que compte la planète.

tous ceux qui sont condamnés à garder le lit. Non, c'est avéré, les gens aiment se rendre utiles et en ont besoin, pas seulement pour des raisons évidentes de survie, car même ces veinards d'héritiers (maudits soient-ils !) qui ne sont pas obligés de gagner leur vie ont besoin d'avoir un but dans l'existence. Ce but est en général intimement lié à un emploi rémunéré et épanouissant. D'ailleurs, à mes yeux, le travail est l'une des meilleures drogues qui existent sur le marché, et, dans la mesure où nous sommes le plus souvent obligés d'y consacrer une large part de notre temps disponible, mieux vaut y prendre plaisir. Visualisez-vous donc maintenant en train de faire exactement (ou même approximativement) le genre de travail dont vous pensez qu'il vous apporterait à la fois l'argent dont vous avez besoin et l'épanouissement auquel vous aspirez, et si vous possédez déjà un tel emploi, voyez-vous en train de le perfectionner afin de gagner encore plus d'argent et d'y prendre un plaisir encore plus vif. Et ne vous contentez pas de voir, percevez aussi les odeurs, les sons et les sensations tactiles, tandis qu'une vapeur d'absolue satisfaction vous envahit de la tête aux pieds.

Statut social

Il n'est pas nécessaire d'insister sur l'importance du statut social pour tout le monde, y compris pour ceux qui ne l'admettent pas. Toute notre structure collective, que cela nous plaise ou non, est organisée autour de hiérarchies basées sur des critères de mérite, de richesse, de pouvoir et d'influence (y compris la capacité à établir des liens par mariage ou par association). S'il en était autrement, nous conduirions tous des voitures identiques, serions vêtus de

Tout le monde veut du respect – il est presque essentiel à la survie psychologique – et pour en obtenir, il faut en accorder à autrui, bien sûr, mais avant tout à soi-même.

la même manière et aurions des maisons semblables, et surtout nous n'éprouverions pas une fascination aussi malsaine pour les gens riches et célèbres. Nous dépensons une énergie véritablement phénoménale pour montrer aux autres notre statut social – d'où les dépenses inutiles en vêtements de grandes marques ou le désir d'être vu dans les « bons » restaurants et les clubs à la mode aux tarifs excessifs. Et même si c'est à l'évidence complètement idiot, rappelez-vous que la vie est complètement idiote de bien des points de vue, et comme il n'y a rien à gagner à se tenir à l'écart du jeu du statut social, autant vous visualiser disposant d'un bon statut social et jouissant du pouvoir d'influencer les événements dans un sens positif. Je ne sais pas ce que l'idée évoque pour vous – sans doute pas d'arborer la Légion d'honneur à la boutonnière d'un costume ou d'un tailleur strict. Quelle que soit la forme que vous donnez au statut social, voyez-le, touchez-le, sentez-le, goûtez-le et entendez-le maintenant.

Bonne réputation

Il est non seulement désirable mais assez indispensable (à moins de vivre dans une bulle) d'être considéré principalement (personne n'est parfait) comme honnête, juste et impartial, plutôt que bon à rien, sans foi ni loi, et menteur. En effet, notre survie même dépend de l'envie des autres à commercer sous une forme quelconque avec nous, et le commerce repose sur la confiance. Donc, imaginez-vous jouissant de la solide réputation d'une personne parfaitement honorable avec qui les autres ne demandent qu'à s'engager à tous niveaux. Voyez-vous en train de traverser la vaste place de marché de la vie en étant accueilli de tous côtés comme une reine parmi les femmes, ou un roi parmi les hommes – ou même une reine parmi les hommes ou un roi parmi les femmes (sinon, l'expérience risquerait de devenir un peu austère pour tout le monde).

Popularité
(impliquant peut-être la célébrité)

À l'exception du pire rabat-joie, nous voulons tous être populaires. La popularité se confond presque avec le respect, le statut social et une bonne réputation ; pourtant, il y a une différence subtile. Être populaire signifie que lorsque vous pénétrez dans une pièce bondée, les gens ne vous traitent pas seulement avec respect, admiration ou déférence, mais viennent vous serrer dans leurs bras, ce qui est toujours beaucoup plus amusant pour les parties en présence. D'ailleurs, il est formidable d'être populaire, tant que l'on n'oublie pas l'inconstance humaine et que l'on résiste à la tentation de prendre sa popularité au sérieux. Visualisez-vous nanti d'une vie sociale étincelante ; vous êtes l'attraction du bal, vous êtes sollicité de toutes parts, mais vous savez que vous devez cette popularité à l'amour et la bienveillance que vous dégagez avec tant de générosité. Il n'y a rien de plus essentiel, voyez-vous, que de posséder quelques véritables amis, des frères et des sœurs qui font chanter votre cœur chaque fois que vous vous retrouvez, parlez ou écrivez.

Sécurité

La sécurité est un point intéressant. Même si nous savons qu'il n'existe probablement pas de jeu plus périlleux pour un esprit que d'habiter un corps humain sur une planète fonçant autour de l'étoile la plus proche à environ 106 000 km/h tout en pivotant sur son axe à 1 600 km/h au sein de l'espace le plus noir et le plus profond. Rappelons que cette planète où nous vivons se trouve sous la menace d'astéroïdes et de comètes dévoyés, d'un climat imprévisible, de raz-de-marée, d'inondations, de sécheresses, de famines, d'épidémies, d'instabilité économique, de troubles sociaux et de la violence de ses habitants ; pourtant nous nous berçons de l'illusion que notre quotidien peut être sûr. Bizarrement, nous tombons des nues quand des événements prennent un tour dangereux. Commencez immédiatement à visualiser un fourreau d'énergie protectrice qui vous enveloppe et enveloppe tous ceux dont la sécurité vous importe. Ainsi cuirassé, voyez-vous traverser la jungle de la vie sans qu'un seul lion, tigre, voleur à la tire, violeur ou assassin ne se jettent sur vous.

Divertissement

Eh bien, nous nous ennuierions ferme si nous ne pouvions nous divertir, non ? Qu'importe votre stade de développement spirituel ou votre investissement dans un emploi rémunéré et épanouissant, vous avez quand même besoin d'être diverti par l'existence, sous une forme établie – au théâtre, au cinéma, dans une boîte de strip-tease, au cabaret ou autre –, ou simplement grâce au théâtre, au cinéma, au strip-tease ou à l'humour de la vie quotidienne. Fondamentalement, se divertir consiste la plupart du temps à regarder d'autres gens faire des choses qui nous font rire ou haleter, ou qui simplement retiennent notre attention et nous font

Visualisez-vous entouré de véritables amis, de frères et de sœurs qui font chanter votre cœur chaque fois que vous vous retrouvez, parlez ou écrivez, parce que je crois qu'il n'y a pas grand-chose de plus important au monde.

oublier notre propre histoire pendant un moment. Voyez-vous pleinement diverti et amusé par les détails du train-train quotidien, ainsi que par les meilleurs interprètes, des quatre coins de la planète, de toutes les formes de spectacle. Et ramenez ces danseuses (ou, bien sûr, ces danseurs) par ici !

Sentiment d'être à sa place
(partout)

En réfléchissant un peu, il est évident que même quelque chose d'aussi permanent qu'une très vieille montagne n'était à l'origine que de la lave en mouvement. Pourtant, nous nourrissons l'envie irréaliste d'avoir notre place sur la planète, plus spécifiquement dans un lieu ou un groupe de lieux particulier, et encore plus spécifiquement avec une personne ou un groupe de personnes particulier. Bien entendu, percer l'illusion rend tout à fait clair que si nous avons la moindre place quelque part, c'est dans notre corps et dans l'univers. En vouloir plus, c'est chercher les ennuis. Mais nous cherchons toujours les ennuis – d'où la xénophobie, le nationalisme et toutes les douloureuses absurdités qui les accompagnent.

Donc, visualisez-vous en train d'éprouver le sentiment profond d'avoir votre place dans votre corps et dans l'univers, de manière à vous sentir parfaitement chez vous où que ce soit et avec qui que ce soit, à Perpignan comme à Tombouctou, avec des amis comme avec de parfaits inconnus. Éprouvez-le comme une perception relaxante dans votre ventre.

Tranquillité d'esprit
(notamment être en paix avec l'idée de mourir un jour, et avoir une philosophie ou un modèle existentiel utilisables et fiables, qu'ils aient ou non des fondements spirituels)

Nous abordons vraiment le gros morceau, car jouir d'une inébranlable tranquillité d'esprit indépendamment des circonstances extérieures, quels que soient son état de santé, sa situation financière ou son statut social, permet de se sentir toujours bien. Et nous cherchons à tout moment à nous sentir bien. La tranquillité d'esprit ne vient pas facilement même si elle est incroyablement simple à atteindre. Elle ne demande que de suivre avec application, pendant environ trente ans, tout système psychophysique efficace de son choix ayant une base spirituelle et une réelle solidité philosophique. En attendant, commencez par vous visualiser immédiatement doté d'un esprit tellement serein que même si un astéroïde égaré devait s'écraser dans le sol devant vous et détruire tous les êtres et toutes les choses qui vous sont chers ou familiers, vous garderiez votre calme intérieur et extérieur ; imaginez *cela*.

Pureté du cœur
(donc authenticité et intensité de vécu)

Rares sont les individus qui prennent plaisir à une existence insipide et privilégient la monotonie. Plus rares encore sont ceux qui préfèrent vraiment la vie simulée à la réalité. Même le plus avachi des téléphages, si vous arrivez à l'arracher à son canapé, préférera prendre du bon temps dehors

66 Jouir d'une inébranlable tranquillité d'esprit indépendamment des circonstances extérieures, quels que soient son état de santé, sa situation financière ou son statut social, permet de se sentir toujours bien. **99**

dans le monde plutôt que de regarder d'autres gens s'amuser sur un petit écran. Mais l'intensité d'expérience dont nous avons tellement soif, et que nous cherchons à tort dans la boisson, le sexe, les drogues ou une consommation débridée, pour citer seulement quelques exemples, ne peut sincèrement être obtenue qu'avec un cœur pur. Il faut pour cela avoir atteint un niveau de conscience intérieure suffisant pour être d'une totale franchise avec soi-même, et donc avec les autres, chaque fois et partout où c'est possible. Cette sincérité est souvent le résultat de plusieurs années de dialogue avec un thérapeute compétent, de méditation sous la direction d'un professeur expérimenté, ou des deux à la fois. Pour le moment, commencez tout de suite à vous visualiser doté d'une lucidité absolue sur vous-même – une autre façon de parler de pureté du cœur –, vivant chaque instant avec un maximum d'authenticité, et donc d'intensité (quelle que soit la forme que cela puisse prendre pour vous).

Beaucoup, beaucoup de plaisir, de rires et de sourires

En toute honnêteté, si vous arrivez à visualiser et à faire se manifester tout ce dont nous avons parlé plus tôt, vous devez vous sentir plutôt d'humeur gaie. Néanmoins, il n'est pas inutile de vous imaginer en train de profiter de tout ça en vous amusant et en riant beaucoup, juste au cas où vous l'oublieriez. Si vous omettiez de vous réjouir de ce que vous manifestez, avoir pris la peine de le manifester perd beaucoup de son intérêt – autant rester au lit et laisser tranquille ce petit fragment des ressources terrestres. Donc, imaginez-vous en train de rire à gorge déployée de l'humour magnifique de toute l'affaire et d'éprouver l'exaltation enfantine d'être

Visualisez-vous doté d'une lucidité absolue sur vous-même – donc d'un cœur pur –, vivant chaque instant avec un maximum d'authenticité.

simplement en vie. Voyez-vous prendre ce plaisir à compter de maintenant, seconde après seconde, quoi qu'il arrive, car ce que vous voyez sera, et vous ne pouvez pas voir mieux.

Et, bien sûr, des masses et des masses d'argent

Oui, c'est vrai. Vous trouvez peut-être que l'argent est sale, mais il s'agit seulement d'une unité de mesure symbolique destinée à aider les gens à commercer. Si nous n'avions pas l'argent, il faudrait inventer un nouveau support d'échange, car nous sommes bien trop nombreux pour nous procurer efficacement par le troc tout ce dont nous avons besoin, et de toute manière, le fisc nous tomberait sur le paletot si nous avions le malheur d'essayer. L'argent n'est pas sale ; ce sont la cupidité, la peur, l'envie, la haine et la violence qu'il provoque qui sont sales, mais ne les laissez pas vous gâcher le plaisir. En fait, l'argent est un symbole d'énergie, circulant dans la société comme le fait l'énergie. Et comme l'énergie est fondamentalement divine, l'argent est également divin. Donc, l'argent est un symbole du divin qui mérite amplement d'être manifesté dans votre vie, mais ai-je vraiment besoin de vous persuader ? Tout le monde aime l'argent. La clé, c'est de l'amener à vous rendre cet amour. Sans plus tarder, visualisez-vous comme un aimant humain extraordinairement puissant, mais dont le magnétisme attire les billets de banque plutôt que le métal, et voyez les grosses coupures, dans la monnaie ou les monnaies fortes de votre choix, affluer vers vous à grande vitesse pour se coller sur vous par dizaines de millions. Si vous entretenez cette visualisation, vous remarquerez un revirement de l'évolution de vos finances au bout de quelques jours seulement… Mais nous aborderons la question des délais plus tard.

Si nous n'avions pas l'argent, il nous faudrait inventer un nouveau support d'échange. L'argent n'est pas sale ; ce sont la cupidité, la peur, l'envie, la haine et la violence qu'il provoque qui sont sales.

Et comme tout cela s'accompagne d'une volonté sous-jacente de continuellement améliorer la qualité de chaque aspect manifesté, et en général d'augmenter aussi la quantité, c'est-à-dire d'avoir toujours plus, gardez en tête que vous pouvez peaufiner, raffiner, perfectionner ou même radicalement modifier la visualisation à tout moment et aussi souvent que le cœur vous en dit.

Préparez-vous à ce que votre visualisation mette longtemps, peut-être plusieurs années, à s'installer dans une forme plus ou moins constante. Par chance, la Dame de la Cantine Universelle ne vous en tiendra pas rigueur, donc n'ayez pas peur de rester souple ; en fait, évitez à tout prix la rigidité, ou vous gâcheriez le plaisir.

Délais

Donner au tableau un cadre temporel est une affaire très délicate, car, même avec la meilleure des visualisations, vous ne pouvez pas contrôler la vitesse de la manifestation. Néanmoins, ne pas instaurer une forme quelconque de calendrier, même arbitraire, rend difficile l'organisation de tous les aspects évoqués plus haut en un tout unifié ; or cette organisation est nécessaire pour le manifester.

Le mieux et le plus pratique consiste sans doute à fixer un délai de 1 008 jours ; n'oubliez pas qu'il s'agit juste d'une astuce pour inscrire le tableau dans un contexte. Donc, voyez-vous dans 1 008 jours (trois ans moins 87 jours exactement), imprégné de toutes les qualités désirées et vivant le scénario que vous avez choisi sans qu'y manquent ni les maisons, ni l'équipement, ni le personnel, ni les chaussures, ni les sacs à main, ni les pinces à épiler, ni tout le reste.

Vous remarquerez alors probablement que tous les éléments constitutifs de la visualisation se fondent en une image unique. Peut-être vous voyez-vous souriant devant votre salon parfaitement décoré, ou bien transporté d'admiration par la vue offerte par votre fenêtre, un peu comme je le serais à l'instant si je ne béais pas plutôt d'admiration devant l'écran de l'ordinateur. Peut-être sentez-vous en même temps le ravissement enfler dans votre poitrine.

En vérité, rien ne s'oppose à ce que l'image reste fluide. D'ailleurs, elle doit rester aussi fluide que possible pour s'adapter aux manières de la Dame de la Cantine, qui possède sa propre façon de voir les choses. Ce qui compte, c'est de réussir à voir l'image et à l'éprouver dans son corps. Une fois que vous en êtes là, vous devez sceller la visualisation, la transformer en une entité pour ainsi dire, et lui insuffler de la vie.

Sceller la visualisation

Le moyen le plus efficace de sceller votre tableau consiste à l'entourer littéralement, dans votre visualisation, d'un encadrement circulaire – élégamment doré, peut-être, avec « 1 008 » revenant en motif récurrent sur les bords –, puis d'apposer un symbole de votre choix en plein milieu de l'image.

Le symbole utilisé n'a pas d'importance. Il peut s'agir de vos initiales, par exemple, ou du signe « *om* », ou même d'une caricature de votre visage vous adressant un clin d'œil. Personnellement, je me sers de l'étoile Barefoot Doctor, en premier lieu parce qu'elle est elle-même investie de pas mal de magie, ensuite parce qu'elle obéit à une parfaite symétrie et attire « l'œil » au centre de n'importe quelle visualisation, aidant ainsi à diriger l'imagination.

Sentez-vous libre d'en faire autant (à des fins de visualisation uniquement ; toute utilisation de mon étoile sur des emballages commerciaux est strictement interdite, conformément à la législation sur la propriété intellectuelle – ce qui m'a coûté jusqu'ici cent billets pour couvrir le monde entier à l'exception de quelques endroits comme le Burundi –, alors pas de bêtises avec mon étoile, compris ?). Elle semble vraiment détenir en propre une sorte de pouvoir talismanique, ce qui n'a rien d'étonnant quand on connaît les circonstances dans lesquelles je l'ai reçue. Pour les découvrir, vous devrez lire mon autobiographie officielle, quand elle sera écrite, si cela vous intéresse, bien sûr.

Une fois le symbole choisi – et vous pouvez en changer aussi souvent que le cœur vous en dit, bien que conserver le même soit une aide –, placez-le au centre du tableau pour fixer votre esprit pendant que j'explique la suite.

Placer la manifestation dans votre centre

Cette opération demande une pointe de dextérité métaphysique. Fondamentalement, elle revient à attraper l'image dans votre cerveau antérieur et à la tirer doucement et précautionneusement jusqu'au bas de votre abdomen en un point situé juste en dessous de votre nombril et à environ seize centimètres en direction de la colonne vertébrale. Ensuite, vous la laissez un moment, pour qu'elle se solidifie quelque sorte, tandis que vous rassemblez votre être pour un brin de révolution interne.

Vous pouvez à ce stade, si vous éprouvez une espèce de vague sentimentalisme spirituel, adresser un signe de reconnaissance à notre Dame de la Cantine afin de vous assurer son mandat pour l'ensemble de la procédure. Sentez son œil aimant posé sur vous et sur votre tableau, car cela contribue à réchauffer un peu les choses. Ce point est important dans la mesure où sans chaleur, toute l'expérience devient un peu aride et terne, et perd de sa capacité à produire les résultats étincelants auxquels vous aspirez probablement.

Vous étant ainsi rassemblé, vous êtes maintenant prêt pour l'action principale, qui consiste à se concentrer profondément et à…

Jeter l'image dans la boucle

Donc, où en étais-je ? Ah oui. Se concentrer profondément, inspirer et tasser pour ainsi dire le souffle autour de la visualisation à l'intérieur du ventre. À l'expiration, poussez à l'aide du souffle la visualisation entre vos jambes. Inspirez : la visualisation remonte avec le souffle le long de votre colonne vertébrale jusqu'au sommet de votre tête. Expirez, poussant avec le souffle la visualisation derrière votre visage, dans votre gorge, le long de l'axe médian antérieur de votre torse et jusqu'entre vos jambes.

Inspirez à nouveau, entraînez la visualisation jusqu'au sommet de votre tête, faites-la redescendre à l'expiration, et recommencez pour effectuer le cycle neuf fois. À chacune des révolutions successives, la visualisation s'affine et se concentre. À la fin du neuvième tour, plutôt que de l'emmener jusqu'en bas, entre vos jambes, arrêtez-la au milieu de votre poitrine et reprenez une respiration normale, autorisant tous les détails du tableau à s'estomper jusqu'à ne laisser que le symbole choisi, que vous gardez en emblème sur votre cœur.

Il est très important de laisser l'image s'estomper, afin de lui accorder sa liberté et de permettre à ses éléments constitutifs de rejoindre la Dame de la Cantine pour qu'elle puisse les faire advenir. Elle en sera incapable si vous vous accrochez au tableau, et vous aurez gâché neuf bonnes révolutions. Cependant, il est également essentiel de conserver le symbole dans votre cœur, comme un reçu, afin de le baigner de votre amour – car, comme vous le savez, tout ce que vous aimez s'épanouira un jour, comme le fera la substance de votre visualisation désormais encodée dans le symbole.

Répétition

Pour améliorer les résultats, répétez, avec une certaine régularité (tous les jours, une fois par semaine ou une fois par mois), le processus de mise en forme de la visualisation à partir du modèle originel, puis son insertion dans la boucle. Le tableau paraîtra à certains moments plus réel qu'à d'autres. Certains aspects seront parfois plus accentués, au point de devenir parfois méconnaissables. Le principal est de poursuivre, car plus vous pratiquerez, et plus vous vous renforcerez à tous niveaux, et plus votre manifestation prendra de la puissance. Même si, en réalité, une révolution pleinement consciente de la visualisation suffit à faire manifester celle-ci.

> **Tout ce que vous aimez s'épanouira un jour.**

Visualisation d'un aspect unique

Nous avons décrit ci-dessus le processus d'une manifestation du tableau complet, basé sur le métamodèle de la totalité de ce que vous désirez et d'une durée d'environ 1 008 jours, à long terme, donc. Cependant, vous allez sans aucun doute vouloir également manifester dans le quotidien des aspects ou des détails spécifiques. Par exemple, vous pouvez souhaiter une merveilleuse histoire d'amour, pas avec quelqu'un en particulier, juste une merveilleuse histoire d'amour en principe. Il est d'ailleurs métaphysiquement malavisé de spécifier l'identité de toute personne impliquée dans vos manifestations, car cela vous enferme inévitablement dans un piège, selon des modes expliqués plus loin.

Vous suivez donc les directives susmentionnées et commencez à vous visualiser en train d'accomplir ce que vous aimeriez faire si vous viviez une merveilleuse histoire d'amour (sans donner une forme précise à votre partenaire, vous en tenant à la liste des qualités fondamentales qui vous plairaient chez lui, ou chez elle, par exemple : la disponibilité, l'enthousiasme, la beauté, la santé, la sagesse, la gentillesse, le sex-appeal, l'expertise sexuelle, l'intelligence, le sens de l'humour, un penchant pour la marche à pied, le cinéma et les soirées tendres devant la télé ou autre). Peut-être vous voyez-vous déambulant au bord de la Seine, pelotonné sur une fourrure devant un feu de cheminée dans les Alpes suisses, contemplant le lac de Côme depuis la loggia d'un *palazzo,* ou simplement en train de lui arracher une tenue de safari dans la jungle de Bornéo ; à vous de choisir vos images emblématiques.

Vous encadrez alors la visualisation, placez votre symbole au centre, attrapez le tout et tirez-le de votre cerveau antérieur jusque dans votre ventre sous le nombril. Vous inspirez pour emballer et compresser la visualisation avec le souffle. Vous expirez et envoyez la visualisation entre vos jambes. Vous inspirez et propulsez le tableau le long de votre colonne vertébrale, puis continuez ainsi jusqu'à lui faire effectuer neuf révolutions sur la boucle microcosmique et aboutir dans votre poitrine, où vous donnez les détails du tableau à la Dame de la Cantine, ne gardant que le symbole dans votre cœur. Passez ensuite au cirage des chaussures, à l'époussetage de la robe du soir, du costume, de la combinaison en latex ou de la tenue de choc qui vous correspond, puis à la toilette et au coup de peigne, car vous ne savez jamais combien de temps demandera la manifestation – elle peut même être instantanée, donc tenez-vous prêt (ce qui inclut les préservatifs dans cette circonstance, n'oubliez pas).

Mettre la main à la pâte

Ne vous leurrez pas, visualiser ce que l'on désire, aussi puissamment qu'on le fasse, ne remplace pas l'action en temps réel pour l'obtenir. Même s'il est vrai qu'au moins 99 % du travail nécessité par une manifestation se déroule en interne, le 1 % restant est un immense 1 %. Il ressemble à la partie visible d'un iceberg. Celle-ci a beau ne représenter qu'une infime partie de la masse totale, elle vous ferait tout de même un mal de chien si vous la receviez sur la tête. Autrement dit, vous aurez beaucoup à accomplir, alors ne pensez pas qu'il vous suffira de rester toute la journée les fesses collées au fauteuil à attendre que les choses se produisent.

D'ailleurs, après avoir lancé un processus de visualisation, vous allez presque immédiatement sentir des envies naître

« Visualisez-vous en train d'accomplir ce que vous aimeriez faire si vous viviez une merveilleuse histoire d'amour. **»**

dans votre ventre, de petites incitations à faire ceci ou cela. Il pourra s'agir de passer un coup de téléphone ou d'envoyer une lettre ou un courriel ; peut-être de vous rendre en ville ; peut-être de prendre un avion pour New York ou pour Addis-Abeba, allez savoir (moi, c'est généralement pour Barcelone). Vous n'avez de compte à rendre à personne sur la nature de ces incitations, mais il vous revient d'être suffisamment en éveil et réceptif pour les reconnaître quand elles apparaissent et d'avoir le courage de passer concrètement à l'action, car ce sont ces envies et ces incitations qui mènent aux opportunités permettant la manifestation de ce que l'on désire. Ou, comme le dit Joe, mon premier et pragmatique rejeton : « Ça ne rime à rien de traîner toute la journée à lire des livres sur la manière de manifester des choses ; il faut se mettre au boulot ! »

Le clou est enfoncé ? En d'autres mots, ne vous servez pas de ce manifeste comme d'une excuse pour vous la couler douce avant de venir me reprocher que rien de spécial ne survient, parce que ça ne marchera pas, camarade, sœur ou frère, ça ne marchera pas du tout.

Minutage

Alors, combien de temps prend la manifestation de ce que l'on désire ? On ne peut à l'évidence donner de réponse exacte à cette question qu'après coup, une fois que ce que l'on manifestait est venu à l'existence. Tenter de faire des prévisions de durée est un jeu stupide. Mais étant moi-même pas mal idiot, j'avancerais qu'en général, manifester des qualités personnelles comme la force, une meilleure santé, la beauté, le courage, la lucidité ou autre tend à se

❝Ça ne rime à rien de traîner toute la journée à lire des livres sur la manière de manifester des choses ; il faut se mettre au boulot !**❞**

révéler relativement instantané, parce qu'il suffit de vaincre une résistance interne, et non la résistance externe, beaucoup plus dense et vaste, du monde physique qui nous entoure.

Toutefois, autant le dire, plus il faut d'événements et de personnes (dans le monde extérieur) pour amener quelque chose à se manifester, plus cela prend du temps. Donc, la construction ou l'achat de la (ou des) maison(s) de vos rêves (entièrement terminées, meublées et équipées, avec la garde-robe, les produits de toilette et de beauté, les parfums, la pince à épiler, etc., sans oublier la (ou les) voiture(s) choi-sie(s) pour votre transport et tous les autres accessoires et membres d'équipage requis par votre version de j'ai-tout-ce-que-je-veux), dont la manifestation exigera une multitude d'événements et de gens, prendront sans aucun doute un sacré bout de temps, même si vous avez les fonds pour signer les chèques immédiatement. Mais il est naturellement impossible de préciser cette durée. Si cela peut vous donner une indication, ma propre visualisation a mis vingt ans à se manifester à partir de zéro, et, bien sûr, une grosse partie du tableau n'a pas encore pris forme, et il en restera ainsi jusqu'à ma mort (avec un peu de chance). Mais j'ai mûri tard et j'ai souvent gaspillé mon énergie dans des quêtes futiles. Et puis, j'avais une visualisation tellement énorme que c'en était presque ridicule. Il n'y a pas de raison que la vôtre demande autant de temps. D'un autre côté, elle peut prendre beaucoup plus longtemps.

À propos, ayez l'obligeance de vous remettre souvent en tête que la période de 1 008 jours susmentionnée est pure-ment arbitraire et a seulement pour but de vous aider à don-ner forme au tableau. Donc, si vous prévoyez une date limite à la manifestation d'une visualisation, tenez-vous toujours prêt à la repousser, indéfiniment si nécessaire, sans honte, sensation d'échec ou impression d'avoir intérieurement perdu la face.

Après tout, cela n'a pas vraiment d'importance, car comme je l'ai dit, il s'agit seulement d'un jeu destiné à vous occuper pendant que vous traînez dans le coin à attendre la mort. Donc, ne vous inquiétez pas des délais, et détendez-vous en prenant plaisir au processus, ce qui vous sera beaucoup plus facile quand vous saisirez pleinement…

Le yin, le yang et autres caprices de la vie moderne

Je ne vais pas entrer dans une explication complète et interminable du yin, du yang et de leur importance cruciale dans la conception taoïste, pour suivre la voie du *wu wei*, comme pour se contenter de ne rien faire en fixant son nombril d'un regard spirituellement éveillé. Je veux juste rappeler qu'en prenant aussi bien le point de vue d'Einstein que de Lao-tseu (les grands pontes, respectivement, de la physique occidentale moderne et de la métaphysique millénaire taoïste, ils devraient donc savoir), tout mouvement, toute masse et tout espace, c'est-à-dire tout ce qui se produit dans l'univers, du plus minuscule au plus gigantesque, est gouverné par l'éternelle interaction de ces deux forces ou qualités immanentes.

À titre d'exemple…

Le yang représente l'actif, le yin le passif.
Le yang représente le dynamique, le yin le statique.
Le yang représente la naissance d'un phénomène, le yin sa dispersion ou sa dissolution.

66 Si vous prévoyez une date limite à la manifestation d'une visualisation, tenez-vous toujours prêt à la repousser, indéfiniment si nécessaire, sans honte, sensation d'échec ou impression d'avoir intérieurement perdu la face. **99**

Le yang représente la force, le yin la structure.

Le yang représente le lumineux, le yin le sombre. Le yang représente l'évident, le yin le dissimulé.

Le yang représente le créatif, le yin le réceptif. Le yang représente le plein, le yin le vide.

Le yang représente le jour, le yin la nuit.

Le yang représente la montagne, le yin la plaine.

Le yang représente le chaud, le yin le froid.

Le yang représente le nouveau, le yin l'ancien. Le yang représente le dur, le yin le mou.

Le yang représente le transparent, le yin l'opaque.

Le yang représente la vague déferlant sur la plage pour déposer votre trésor, le yin le reflux emportant tous les galets, algues, débris de verre, tongs esseulées, méduses et autres détritus de la vie balnéaire.

Le yin et le yang sont relatifs l'un à l'autre. Prenez la nuit, par exemple, comme illustration du yin et de sa relation au jour. Vous avez des zones éclairées yang en centre-ville et des étendues sombres yin en campagne. Ou prenez une montagne (attention à votre dos) ; la montagne est yang en relation au yin de la vallée, mais toute montagne possède un ubac où le soleil ne brille pas, et qui est yin en relation à l'adret éclairé toute la journée.

Vous ne pouvez pas avoir l'un sans l'autre. Vous ne pouvez pas, dans le cas ci-dessus, avoir une montagne ne possédant qu'un côté, comme vous ne pouvez pas avoir une nuit totalement obscure ; enfin, vous pourriez, mais quel ennui ! Vous ne pouvez avoir de jour sans nuit, de plein sans vide (où le mettre sinon ?), de force sans forme, de nouveau sans ancien, etc. L'un se transforme en l'autre, et vice versa.

Pour prendre des exemples plus en rapport avec ce manifeste, comprenez que les vagues qui déferlent les unes après les autres sur votre plage refluent ; à défaut, elles vous noieraient et submergeraient tous les trésors ou plaisirs déposés sur le sable. La Dame de la Cantine Universelle donne, et la Dame de la Cantine Universelle prend. Avoir l'amabilité et la sagesse de l'accepter vous épargnera une quantité démesurée de chagrin, de stress et d'angoisses inutiles.

En outre, plus notre Dame de la Cantine emporte, plus elle apporte en remplacement (tant que vous dansez bien, s'entend). Réciproquement, plus elle donne, plus elle prend. Ne vous braquez ni sur l'un ni sur l'autre. Contemplez simplement le flux et le reflux avec une sérénité et un humour détachés et compatissants. C'est pour ça, précisément, qu'il est important de donner une direction à votre volonté à l'aide d'une forte visualisation, car quoi que les vagues de la mer de la vie déposent ou emportent, vous continuerez malgré tout, contre vents et marées, à manifester exactement la vie que vous souhaitez.

Toutefois, le mouvement du flux et du reflux donnera par moments l'impression de ralentir le processus de manifestation, et c'est pourquoi, dans l'intérêt de votre santé mentale et de votre équilibre, vous devez accepter ce va-et-vient avec sérénité. De même, gardez conscience, d'une espèce de manière sans équivoque, et même pleine d'élan, galopante, clip-clop-rien-ne-se-mettra-en-travers-de-mon-chemin, que quoi qu'il arrive, phase yin ou phase yang, vous obtiendrez ce que vous désirez. D'ailleurs, vous l'avez déjà, et une seule chose vous empêche d'en jouir pleinement et de l'améliorer dès maintenant : votre propre…

La Dame de la Cantine Universelle donne, et la Dame de la Cantine Universelle prend. Avoir l'amabilité et la sagesse de l'accepter vous épargnera une quantité démesurée de chagrin, de stress et d'angoisses inutiles.

Résistance

À tout moment, croire à tort que seul existe le vide du yin, sans le plein du yang, nous fait sombrer dans l'auto-apitoiement dissimulé sous l'un de ses nombreux et insidieux déguisements. Vous pouvez notamment vous complaire dans le sentiment d'être incapable de manifester quoi que ce soit de valable ; vous en sentir indigne ; trouver injuste pour les autres que vos vœux soient exaucés alors que les leurs échouent, et donc avoir peur qu'ils vous envient, vous détestent et finissent par vous détruire ; redouter le changement ou vous laisser submerger par la paresse et l'apathie. Nous projetons inconsciemment toutes ces réactions sur le monde, et donc sur notre Dame de la Cantine toujours heureuse de combler nos fantasmes. Elle dresse alors des obstacles sur notre route. Rappelez-vous, nous créons notre propre réalité.

Néanmoins, il faut aussi, d'un point de vue pratique, considérer que les choses mettent réellement du temps à se manifester à cause de la nature physique et semi-solide de la réalité du plan terrestre. Autrement dit, vous ne pouvez pas construire une maison en une seconde, mais après plusieurs mois de construction, apparaîtra la seconde dans l'écoulement du temps où elle sera construite, et à cette seconde, on pourra dire que la construction de la maison est instantanée. Mais nier toute la préparation qui a conduit à cet instant serait de l'esbroufe de bas étage, ni plus ni moins. De même, peut-on considérer que tous les efforts invisibles de visualisation et le dur labeur, effectués pendant des années pour manifester une vision, finissent par jaillir instantanément sous la forme d'une réalité visible à un moment donné ?

Rappelez-vous, nous créons notre propre réalité.

En tout cas, ne vous braquez pas sur votre résistance. Contentez-vous de la remarquer, de vous détendre et de continuer. Elle se diluera ainsi doucement, ce qui vaut mieux que d'essayer de la chasser de force. Concrètement, le temps que prend votre visualisation à se manifester n'a pas d'importance, n'est-ce pas ? Tant que vous êtes occupé, amusé et empli du sentiment d'avoir un but, vous en tirerez profit, que vous ayez peu ou beaucoup progressé dans la matérialisation. N'oubliez pas un autre point : le résultat ne donne pas grand-chose de plus que des résultats ; l'essentiel, c'est le plaisir de danser avec la Dame de la Cantine.

Patience

Patience ? Pourquoi avez-vous besoin de patience ? Êtes-vous en train d'attendre quelque chose ? Si c'est le cas, arrêtez immédiatement ; attendre représente une totale perte de temps. Attendre implique que vous avez à l'esprit des choses plus importantes que d'être où vous êtes à l'instant, ce qui est évidemment idiot car il n'existe pas d'autre réalité valide que l'ici et maintenant ; tout le reste relève du pur fantasme tant qu'il ne s'est pas produit. Avez-vous envie d'être ailleurs qu'à l'endroit où vous êtes à l'instant ? Si c'est le cas, changez d'envie pour souhaiter être exactement où vous êtes, et acceptez la pleine responsabilité d'avoir créé la situation, même si vous trouvez que votre œuvre est nulle et si vous souffrez de la situation présente. En l'acceptant, vous vous remettez aussitôt dans une position de contrôle d'où vous avez la liberté de recréer la réalité dans un sens plus agréable. Ne vous tournez pas les pouces à attendre, ayez cons-

"Ne vous braquez pas sur votre résistance. Contentez-vous de la remarquer, de vous détendre et de continuer. Elle se diluera ainsi doucement, ce qui vaut mieux que d'essayer de la chasser de force.**"**

cience de vos désirs et espérez leur réalisation, mais ne lâchez pas pour autant l'ici et maintenant. Pour le moment, c'est tout ce que vous avez, comme vous vous en rendriez compte illico si un salopard collait un revolver contre votre tempe et armait le chien. Donc, soyez ici dans l'instant et prenez-y plaisir. Eh oui, je sais que je ne cesse de répéter qu'il s'agit seulement d'un jeu pour vous occuper pendant que vous traînez dans le coin dans l'attente de la mort, mais je vous propose d'attendre la mort d'une manière très poétique au lieu de l'attendre d'une manière prosaïque et ennuyeuse.

Vous n'avez pas besoin de patience. Vous avez juste besoin de respirer et de vous détendre.

Maintenir constante la force de votre visualisation

À cause des obstacles que vous créez à l'intérieur et à l'extérieur, parce qu'il faut toute une série de moments dans le temps linéaire pour construire votre maison, si j'ose dire, et à cause du flux et du reflux du yin et du yang, qui, sans aucun doute, mettront parfois votre équilibre terriblement à l'épreuve, à moins que vous ayez déjà atteint l'illumination (mais alors pourquoi perdez-vous du temps à lire des livres ?), vous allez avoir besoin d'abnégation et de constance pour affronter un monde incohérent. Vous aurez besoin de courage, d'assurance et d'humilité devant la Dame de la Cantine et de toutes les autres qualités auxquelles vous pouvez penser tout seul. En bref, vous devez acquérir le pouvoir donné par une inébranlable intention.

Souhaitez être exactement où vous êtes, et acceptez la pleine responsabilité d'avoir créé la situation.

Inébranlable intention

Les taoïstes l'appellent *i*, prononcé « îîî », et y voient une force plus puissante que les bombes à fragmentation. Il n'existe pas de raccourci pour l'acquérir, et dans le seul but d'affûter leur *i*, de nombreux adeptes ont consacré leur vie entière à maîtriser l'art martial appelé *hsing i*, passant de nombreuses heures tous les jours à combattre des ombres et des adversaires humains (le « i » de *hsing i* signifie « boxe de l'intention »). Vous pouvez toutefois prendre sans attendre un départ sur les chapeaux de roues en inscrivant le symbole de votre choix au milieu de votre poitrine, en lui adjoignant deux clones, l'un au centre du cerveau, l'autre dans le ventre sous le nombril (il est aussi possible de laisser le symbole à l'intérieur de la poitrine s'étendre jusqu'aux deux points dans le cerveau et le ventre), puis à vous employer à les garder là en permanence, pour le reste de votre vie, sans considération pour vos autres occupations ou préoccupations du moment. Cela vous donnera d'une part la force nécessaire à votre vision, et vous dotera d'autre part d'une formidable puissance de concentration, un outil toujours utile dans un monde aussi flou et diffus que celui des humains.

Mais ne vous braquez pas trop sur la question ou vous allez finir comme l'un de ces excentriques new age à qui personne ne veut parler tellement leur certitude d'avoir une mission les rend pénibles. Restez toujours détendu et ouvert sur le sujet. Pour vous soutenir dans votre traversée de la jungle pendant que la Dame de la Cantine s'occupe de votre festin, vous pourrez trouver du renfort en route en apprenant à…

Lire les signes

Dès que vous lancerez la visualisation selon le mode d'emploi mentionné plus haut, d'étranges petites synchronicités commenceront à se produire : de petites tapes sur l'épaule psychique vous indiqueront que vous suivez le bon chemin. Par exemple, au moment où vous sortez de chez vous, vous voyez passer un camion portant sur le flanc « Tout est à vous ». Vous avez aussi la possibilité d'adopter votre propre jeu de signes de confirmation. Personnellement, chaque fois que je vois une camionnette de livraison de courrier express, j'en déduis que je vais recevoir une invitation ou une proposition intéressante. Je précise ensuite la prémonition en lisant rapidement la plaque d'immatriculation, et je considère le mot qui me vient à l'esprit comme un indice sur le genre de proposition ou d'invitation que je vais avoir. Des hommes en blouse blanche arrivent alors pour m'emmener. Mais quand on ne se laisse pas emporter, la lecture des signes peut redonner beaucoup de courage les jours de baisse de foi ou de moral, alors ne vous en privez pas, camarade, sœur ou frère, ne vous en privez pas.

Néanmoins, vous disposez d'un outil bien plus puissant pour non seulement entretenir et renforcer votre intention de manifester, mais aussi mener à bien avec la plus grande efficacité pratiquement tout dans votre vie, et bien que le mot lui-même puisse évoquer pour vous d'abominables marginaux discutailleurs se racontant des histoires sur la réalité de l'existence, je me dois de déclarer ouvertement ici qu'il n'existe rien d'aussi efficace que de faire...

66 Vous devez acquérir le pouvoir donné par une inébranlable intention. **99**

Des affirmations

J'adore les affirmations, et comme je les aime, elles marchent pour moi. C'est une affirmation, à propos. Les affirmations ne viennent pas de la dernière mode californienne ; les taoïstes les utilisent sous une forme ou sous une autre depuis des millénaires. D'ailleurs, toutes les traditions spirituelles occidentales le font aussi. Personnellement, j'y ai recours depuis près de quarante ans, ce qui explique en partie, j'en suis sûr, que j'ai réussi à atteindre un si grand âge (153 ans) en gardant une santé et un moral de choc. L'esprit est une chose terrible mais il permet, quand on le contrôle, d'obtenir tout ce que l'on veut (dans les limites des lois de la physique), d'où l'immense pouvoir de la visualisation.

Pour la plupart d'entre nous, maintenir son esprit sur un cap en se servant uniquement de la visualisation relève de l'exploit. Aussi je vous suggère de recourir à une technique quelconque d'autosuggestion, en plus de débuter un entraînement sérieux aux arts martiaux taoïstes – une démarche que je vous recommande fortement, quel que soit votre âge et même si vous êtes en mauvaise condition physique, à moins, bien sûr, que vous n'ayez le malheur d'être cloué au lit ou frappé de toute autre incapacité. Si vous me connaissez un peu, vous remarquerez que je recommande toujours cette démarche, en fait, même si, comme ici, les arts martiaux n'ont presque pas de rapport direct avec le sujet. À mes yeux, la plus puissante des techniques d'autosuggestion consiste à répéter régulièrement une série d'affirmations en les écrivant, en les prononçant à haute voix ou même en les chantant, tout en les renforçant rituellement par un lien avec diverses activités banales, comme s'habiller le matin ou tir pour se coucher. On fournit ainsi à l'inconscient lencheurs de choix positifs dans ses décisions d'instant en instant.

De l'avis général, il vaut mieux répéter une affirmation au moins six fois pour qu'elle pénètre véritablement l'inconscient, mais il suffit de l'écrire, de la dire ou de la chanter une fois, en l'accompagnant d'une visualisation complète du sens donné aux mots, pour implanter l'ordre. Car, après tout, il ne s'agit de rien d'autre : donner l'ordre à l'esprit de voir une chose que l'on veut rendre manifeste. Et ces formules portent le nom d'affirmations parce qu'elles sous-entendent de dire « oui » à la vie et à ses différents aspects. En fait, l'inconscient n'enregistre que la partie positive de toute instruction. Il ignore les « ne », les « ne... pas », les « ne... plus », etc. Donc, si je dis : « Ne pensez pas à des oranges bleues ! », vous pensez immédiatement à des oranges bleues. Assez curieusement, je vous signale en passant que des scientifiques ont prouvé que les oranges sont en réalité bleues ; encore un exemple d'apparences trompeuses sur notre chère planète !

Il est donc essentiel d'éviter les formulations négatives. Par exemple, pour cesser de boire, il ne faut pas dire : « Maintenant, je ne bois plus », car cela se transformera en « Maintenant, bois ! », mais plutôt : « J'ai maintenant plaisir à boire exclusivement des boissons sans alcool, au grand soulagement de mon foie ! »

Remarquez l'utilisation du présent plutôt que du futur. Son but est de favoriser la sensation viscérale d'avoir déjà ce que l'on veut, car cette sensation provoque une résonance énergétique, vibratoire, qui agit comme un aimant et attire la manifestation dans l'orbite matérielle. L'utilisation du présent a une autre raison : le futur n'existe pas et n'existera jamais. Le futur n'est jamais rien de plus qu'un concept. Quand il advient, c'est déjà le présent. Le passé ayant disparu, rien n'existe en dehors du présent, et c'est donc lui qui recèle le pouvoir de manifester.

Énoncez toutes vos affirmations au présent. À « Je vais abattre aujourd'hui aisément et sans peine un maximum de travail », préférez « J'abats aujourd'hui aisément et sans peine un maximum de travail ! », et à « Je vivrai un jour dans une belle maison », « Je vis actuellement dans une belle maison ! » Ensuite, même si vous habitez un taudis, commencez par voir de la beauté dans votre intérieur, puis superposez l'image de la belle maison et faites naître en vous l'impression d'en profiter déjà. Plus vous lui donnerez une réalité viscérale et plus elle se manifestera facilement. Mais n'allez pas vous coller la migraine. Détendez-vous et procédez en douceur, toujours.

Si vous ne vous sentez pas d'humeur à la métaphysique, mais souhaitez simplement axer votre attention sur la manifestation de vos désirs, dites (dans l'exemple ci-dessus) : « Je choisis de vivre maintenant dans une belle maison. » Si vous n'êtes pas sûr de vous sentir digne d'obtenir ce que vous désirez, dites : « Je mérite de vivre maintenant dans une belle maison. » Si, au plus profond de vous, vous croyez que vivre dans une belle maison provoquera de la souffrance ou de la frustration chez ceux qui n'en ont pas, dites : « En vivant dans une belle maison, je donne aux autres envie d'embellir leur propre environnement, et grâce au confort que j'éprouve dans le

De l'avis général, il vaut mieux répéter une affirmation au moins six fois pour qu'elle pénètre véritablement l'inconscient. Une affirmation sous-entend de dire « oui ! » à la vie.

mien, je deviens plus créatif, j'ai plus à offrir et j'enrichis donc mon univers et tous ceux qu'il contient. » Arrivé ici, je dois signaler que vous avez tout intérêt à composer vos affirmations dans un style personnel afin d'éviter de répéter des phrases à la construction aussi absurde que celle de l'exemple ci-dessus.

Si votre conception du divin pose problème car, d'après vous, Dieu ou toute autre instance veut que vous souffriez, et qu'il est donc mal pour vous d'obtenir ce que vous désirez, dites : « Ma conception de Dieu approuve l'exaucement de mes désirs. » Ceci s'applique également, bien entendu, à toutes les figures d'autorité intériorisées telles que prêtres, enseignants, parents, forces de l'ordre, gouvernement et même majorité silencieuse. D'où, en bref et à titre d'exemple : « Les pouvoirs établis veulent que j'obtienne maintenant ce que je désire ; la société veut que j'obtienne maintenant ce que je désire ; tout le monde veut que j'obtienne maintenant ce que je désire ! »

« Je suis » est aussi d'une grande puissance, « Je suis superbe. Je suis resplendissant. Je suis sacrément sexy ! » (Et vous l'êtes si vous avez envie de l'être, au fait.)

Puis il y a le placement de l'objet du désir au début, comme dans « L'argent me parvient maintenant en quantités toujours croissantes », ou « L'amour m'arrive dans des draps de satin » (encore que j'ai toujours préféré les draps en coton blanc).

Vous pouvez aussi utiliser la formule « J'ai le droit », comme dans « J'ai le droit d'être et de me sentir magnifique en tout, et d'avoir maintenant une vie magnifique », ou

Énoncez toujours vos affirmations au présent. Dites : « J'abats aujourd'hui aisément et sans peine un maximum de travail ! »

« J'ai le droit de m'apitoyer sur mon sort aussi longtemps que j'y prends plaisir ». Elle offre un moyen génial de s'occuper des états négatifs quand ils vous submergent. Ainsi, par exemple : « J'ai le droit d'avoir peur aussi longtemps que je le trouve utile et agréable, et d'éprouver de la colère, de la désorientation, de la tristesse, de la solitude, de la déprime, du stress, ou tout autre état que je choisis d'approfondir. »

Vous savez, malgré une longue et fréquente pratique, je n'ai jamais aimé disséquer et catégoriser méthodiquement les différents styles d'affirmation. Et même si j'admets ouvertement qu'il puisse s'agir d'une simple dérobade, j'ai l'impression instinctive que cela relève davantage du désir de ne pas complètement démystifier une tradition dont les racines remontent à la nuit des temps. J'en prends pour exemple le Dieu de l'Ancien Testament disant en ouverture de la Genèse : « Que la lumière soit ! » Et même si ce n'est pas à strictement parler une affirmation dans le sens conventionnel du terme, mais davantage un ordre direct donné à la lumière – souvenez-vous qu'elle se trouvait à l'intérieur de « Lui » –, cette phrase reste suffisamment générale pour justifier selon moi la qualité quasi mystique des affirmations ; et donc ma répugnance à décortiquer le processus de peur d'en détruire pour vous la magie. En clair, mon cerveau ne veut tout simplement pas suivre cette direction maintenant. Permettez-moi plutôt de vous offrir un lot d'affirmations relevant du modèle originel de la « liste de vœux » – cela vous sera bien plus utile –, et quelques explications quand elles s'imposent. Vous pourrez ainsi commencer tout de suite à vous en servir.

« J'ai le droit de m'apitoyer sur mon sort aussi longtemps que j'y prends plaisir. » Cette affirmation offre un moyen génial de s'occuper des états négatifs quand ils vous submergent.

Affirmationville

La logique imposerait de suivre l'ordre du modèle de la « liste des vœux » et de vous fournir l'affirmation appropriée à chaque étape de la visualisation, mais agir ainsi me lasserait très vite, et vous ennuierait probablement aussi. En conséquence, avec votre autorisation, j'aimerais passer aux figures libres et laisser les affirmations arriver à leur guise, exactement comme si je me lançais dans une séance pour mon propre compte, ce qui, pour être tout à fait précis, est exactement ce que je suis en train de faire en écrivant – bien avant que vous ne me lisiez, autrement dit. Elles seront ainsi pleines de fraîcheur et de bon *chi* (énergie), ce qui, je l'espère, vous inspirera et fera naître l'étincelle requise par votre propre processus de manifestation s'il vous prend le désir, à tout stade, celui-ci par exemple, d'en utiliser une ou plusieurs à votre avantage.

Juste à titre indicatif, mes propres séances, auxquelles je me livre avec une régularité variable depuis une trentaine d'années, et que je considère comme le moyen le plus remarquable de pratiquer la « magie », durent en général aux alentours d'une demi-heure. Stylo à la main, j'écris les affirmations comme elles se présentent. En complément, je lie certaines affirmations à des positions debout de qi gong dans le cadre de ma gymnastique matinale – afin de me mettre dans le bon état d'esprit pour la journée, et la nuit. Dans ce domaine, le type d'action liée à l'affirmation n'a pas d'importance. Par exemple, vous pouvez très bien consacrer votre premier pipi de la journée à une déclaration comme :

« J'ai une vision claire, j'ai la force, je sais ce que je fais et tout et tout le monde m'aide à réussir. » Personnellement, je me dis ça chaque matin en prenant une posture de *hsing i* (impossible à décrire ici) où je boxe une ombre, mais encore une fois, le choix de l'action vous revient.

Lier une affirmation particulière à une action particulière sur une base quotidienne contribue, sur le long terme, à vous maintenir dans un état d'esprit favorable à la réussite de votre vie en général. Les séances concentrées d'affirmations écrites, quant à elles, ont un fonctionnement similaire à une bonne et franche réunion d'affaires avec notre Dame de la Cantine Universelle, réunion pendant laquelle vous restez conscient et pleinement persuadé d'être en train d'accomplir un miracle ou un changement radical.

C'est du moins ce qui se passe pour moi. Sentez-vous libre d'inventer vos propres pas de danse, même si vous pouvez, bien entendu, vous approprier toutes les affirmations de votre choix parmi celles qui suivent. Après tout, ce ne sont que des affirmations.

À ce sujet, beaucoup de gens éprouvent des réticences envers les affirmations parce qu'ils pensent qu'elles encouragent une forme de déni de leurs problèmes ; ce qui peut être vrai. Par exemple, si vous vous sentez profondément déprimé, il est absurde et malhonnête d'affirmer : « Je me sens profondément heureux. » En revanche, si vous affirmez : « Je choisis de profiter de cette dépression pour acquérir de la force et de la lucidité, et retrouver ainsi ma joie innée naturelle », vous tirerez meilleur parti d'un sort contraire.

Autrement dit, les affirmations ne doivent pas nier ou masquer des états mentaux négatifs, mais les transformer en quelque chose de plus utile pour vous. Et en parlant d'utile,

> **Lier une affirmation particulière à une action particulière sur une base quotidienne contribue, sur le long terme, à vous maintenir dans un état d'esprit favorable à la réussite de votre vie en général.**

le moment est sûrement arrivé pour vous d'essayer quelques affirmations.

Donc, sans plus de cérémonie...

« Je suis vivant. »

Allez-y, dites : « Je suis vivant. » Vous trouvez que c'est idiot ? Vous pensez que c'est tellement évident qu'il est inutile de le mentionner ? Ne prenez pas un air désabusé, camarade, répétez simplement l'affirmation plusieurs fois et voyez combien elle vous permet de vous sentir vivant.

« À partir de cet instant, je compte en toute confiance sur la Dame de la Cantine Universelle pour m'apporter ce dont j'ai besoin, comme et quand j'en ai besoin. »

Comme la précédente, voici une bonne affirmation pour commencer la journée. En la prononçant, étendez votre conscience pour intégrer la bienveillance fondamentale de l'existence, qui vous donnera la sensation d'être enroulé dans une couverture d'amour. Dites-la plusieurs fois jusqu'à ce que vous sentiez que sa vérité résonne en vous. L'intérêt de cette affirmation est aussi de poser la différence entre besoin et désir mais nous approfondirons la question plus tard.

« À chaque respiration, je gagne en force, en santé, en vitalité, en rayonnement, en énergie, en inspiration, en gaieté et en beauté, et ce à tous les niveaux et de toutes les manières. »

La formule parle d'elle-même mais en la prononçant, visualisez votre souffle comme le catalyseur qui ouvre la

66 Les affirmations ne doivent pas nier ou masquer des états mentaux négatifs, mais les transformer en quelque chose de plus utile pour vous. **99**

porte à ces qualités, et à toutes celles que vous souhaitez ajouter si vous venez faire vos courses avec une longue liste.

> *« Je subviens en permanence à mes besoins physiques, facilement, sans effort et en y prenant plaisir. En toutes circonstances, je m'assure toujours une fourniture adéquate de boissons, de nourriture, de logement et de vêtements (et je l'assure à ceux qui dépendent de moi). Le plan matériel m'est confortable ; je l'adore et il m'adore. »*

Il est important de se lier d'amitié avec la réalité matérielle, afin de la démystifier et de cesser d'en avoir peur. Cela revient à conclure un accord avec soi-même, celui d'avoir davantage de constance dans la manifestation de ses besoins fondamentaux. Ceux-ci ne doivent en rien être négligés. Prononcez donc l'affirmation suffisamment souvent, et avec assez de ferveur, pour qu'elle se grave dans les tréfonds de votre psyché.

> *« Je suis entouré de gens qui m'aiment profondément et se soucient de mon bien-être ; mon univers est un lieu chaleureux et enrichissant, plein d'êtres merveilleux comme moi. »*

Sinon, votre esprit se met par défaut à croire que votre monde est hostile, froid et indifférent, ce qui transforme dans ce sens la réalité extérieure. Donc, allez-y, même si vous traversez en ce moment une crise de type « ma-vie-est-un-désert-où-je-me-sens-abandonné ». En même temps, autorisez-vous à prendre conscience que vous cohabitez avec six milliards de personnes sur la planète, et que nombreux sont ceux qui se tiennent prêts à vous renvoyer ce que projettera votre esprit. Donc, en prononçant l'affirmation (ou en la chantant, voire en l'écrivant), projetez de la chaleur, de l'amour et de la bienveillance, et avant d'avoir le temps de dire ouf, ces sentiments vous seront réfléchis. Rappelez-vous que toute l'affaire n'est qu'une vaste chambre des glaces.

> *« Plus j'autorise ma chaleur humaine et mon amour à rayonner naturellement de moi, plus mon monde s'emplit de gens chaleureux et aimants. »*

Et voyez-vous maintenant au cœur d'un réseau d'amis solidaires et aimants, tous en train de réagir à l'énergie généreuse que vous émettez.

> *« Être seul me donne une sérénité et une plénitude totales. Je m'aime tellement que ma compagnie me ravit ; je suis également ravi que d'autres viennent partager le plaisir quand j'en ai envie. »*

Tout en prononçant la formule, détendez-vous et respirez profondément afin de surmonter les peurs fortement enracinées que la solitude dans un vaste monde hostile pourrait évoquer. Dès que vous vous décontractez et maîtrisez votre souffle, les sensations de fragilité qui naissent dans votre ventre et votre poitrine se transforment en simples sensations et s'évanouissent au fil de vos respirations.

> *« Je suis à l'aise avec tout sentiment qui pourrait naître en moi, aussi intense et effrayant soit-il. Je décontracte mon corps, je respire et je me sens assuré de la satisfaction de mes besoins. J'ai maintenant surmonté toute compulsion à fuir ce que je ressens et à m'en cacher. »*

Notre culture tout entière repose sur la distraction, le fait de détourner notre attention de nos sentiments. Mais dès que nous nous soumettons à ce que nous éprouvons, plutôt que d'essayer de le combattre ou de le nier, le sentiment disparaît et nous retournons instantanément à un état de plénitude et de paix. Pour vous soumettre à ce que vous éprouvez, détendez votre corps et respirez librement sans retenir votre souffle (sauf si vous êtes sous l'eau ou si vous êtes victime d'une attaque d'armes chimiques).

« Tout inconfort psychoaffectif se dissipe maintenant et je me retrouve en paix.

C'est moi qui détermine le genre de vie que je veux avoir ; personne ni rien d'autre ne le fait à ma place. »

Allez-y, camarade, dites-leur ! Voilà quelque chose d'intéressant : assumer la pleine responsabilité de soi-même. Cessez de projeter cette responsabilité (et le vécu de chaque instant) sur les autres, votre patron, votre partenaire ou votre conjoint, vos parents, le gouvernement, le monde en général, pour affirmer :

« J'assume à partir de maintenant la pleine responsabilité de moi-même et de mon vécu de chaque instant. »

Donc, si vous vous réveillez en vous sentant heureux, c'est parce qu'en tirant de votre cerveau le cocktail de pensées adéquat, vous avez réussi à injecter dans votre circulation sanguine le cocktail de produits chimiques internes convenant au bonheur. De même, un réveil tendu et fatigué ne dépend pas de ce qui se passe à l'extérieur, c'est-à-dire des événements qui affectent notre vie, mais entièrement de notre manière d'y réagir et peut-être même de le rechercher activement. Donc, dites :

« *Aujourd'hui, j'aborde la vie en guerrier et je choisis de me sentir enchanté, plutôt que perturbé, par chacun de ses tours et détours, parce que ce choix me revient à moi et à personne d'autre.* »

Dites-le avec suffisamment de ferveur pour en percevoir la vérité, puis gardez cette décision en tête pendant toute la journée quoi qu'il advienne… Ne pensez-vous pas que votre journée sera très différente si vous ne vous sentez pas à la merci des événements extérieurs et des autres ? Je suis sûr qu'elle sera beaucoup plus satisfaisante à tous les niveaux, et je vous suggère d'essayer cette affirmation ou une similaire tout de suite. Pour faciliter le processus et si vous souhaitez entrer pleinement et sur-le-champ dans le flux de votre Tao, respirez lentement et profondément afin de donner à votre esprit une paix d'une importance fondamentale.

« *À cet instant même, et aux instants ultérieurs, j'accomplis facilement, sans effort, avec plaisir, rapidement et miraculeusement tout ce dont j'ai besoin pour matérialiser ma vision.* »

Je dois résister à la tentation de vous vendre ces affirmations et de tenter de vous convaincre avec ardeur de leur immense efficacité potentielle, car la démonstration a vite fait de devenir pesante. Pourtant, cette affirmation marche si bien que je n'arrive pas à me retenir. Si vous parvenez à écrire, dire ou chanter celle-ci avec suffisamment de présence mentale pour qu'elle pénètre votre esprit, vous serez (probablement) stupéfait des résultats. D'ailleurs, je dirais qu'elle offre à elle seule une clé essentielle pour accéder à une vie éveillée.

« *En ce moment même, je suis en train de manifester tout ce que je désire, y compris ma (ou mes) résidence(s) parfaite(s) et tout leur équipement (avec les lave-vaisselle, les sèche-cheveux, les fers à repasser, les pinces à épiler, etc.), ainsi que toute l'aide dont j'ai besoin pour manifester mes autres désirs. »*

« Pendant que je vaque à mes activités quotidiennes, que j'accomplis mes tâches terre à terre et que je m'investis dans tous les détails de mon existence, la Dame de la Cantine Universelle provoque en coulisse des événements majeurs pour la manifestation de ma vision. Ô combien je suis béni ! »

Oui, vous pouvez vous amuser à utiliser un langage ésotérique en « pratiquant » l'affirmation. En fait, vous devez toujours vous amuser, quoi que vous fassiez, sinon, où est l'intérêt ? Donc, dites :

« Je m'autorise maintenant à follement m'amuser tout le temps, aussi guindée ou douloureuse que puisse paraître ma réalité extérieure. »

La formule « je m'autorise » a aussi beaucoup d'importance. Vous ne vous en êtes peut-être pas rendu compte auparavant, mais si vous n'avez pas joui en permanence de votre présence sur la planète jusqu'à présent (en partant du principe que ça ne s'est pas produit, bien sûr), c'est uniquement parce que vous ne vous en êtes pas donné l'autorisation. Vous avez peut-être hérité cette attitude autolimitatrice de vos parents, de vos enseignants, de vos frères et sœurs ou de vos pairs, sans en avoir conscience, mais ce n'est pas une raison pour continuer, alors pourquoi ne pas ajouter :

« À partir de maintenant, je m'autorise à vivre chaque instant au mieux. »

et...

« *Je m'autorise maintenant à tirer le maximum d'amuse-
ment et d'enrichissement de chaque instant comme il se présente, quoi qu'il advienne.* »

ou si vous trouvez cela intimidant...

« *J'ai parfaitement le droit de trouver intimidante l'idée de
m'amuser tout le temps et je l'accepte tant que je trouve cela
agréable* »,

ce qui devrait soit éclaircir les choses immédiatement, soit
vous troubler encore davantage. Dans ce dernier cas, dites :

« *Je choisis d'accéder à l'instant à une parfaite clarté.* »

ou...

« *Il est clair pour moi que le but de ma présence sur cette
planète est de m'amuser à partir de maintenant, quoi qu'il
advienne.* »

et si cela déclenche la peur de perdre les pédales et
d'oublier complètement les autres dans votre quête d'amuse-
ment, affirmez :

« *En contenant mon énergie et en faisant preuve envers
autrui de gentillesse, d'empathie, de sensibilité et de compassion, je m'amuse pleinement à chaque instant que je passe
sur cette planète.* »

Ah oui, la planète. Il est important de nous souvenir de temps en temps de l'endroit où nous nous trouvons ; cela garde en éveil et nous remet en mémoire le choix de prendre forme à ce moment particulier de ce monde particulier, que nous avons fait un jour en tant qu'esprit flottant dans l'éther. Vous auriez pu jeter votre dévolu sur des milliards d'autres formes d'espace-temps, mais vous avez sélectionné celui-ci. Bonne pioche, camarade, sœur ou frère. En revendiquant ce choix, vous augmentez instantanément vos niveaux de pouvoir personnel, qui se transforme à son tour en énergie – et c'est précisément cette énergie dont a besoin la Dame de la Cantine Universelle pour vous considérer avec suffisamment de sérieux pour manifester votre vision.

Reconnaître ses mérites en général est une sacrément bonne chose, en fait. Nous passons un temps fou à nous dénigrer, à nous rabaisser et à nous rendre malheureux comme si nous étions obligés d'agir de la sorte, alors qu'il n'en est rien. Il n'existe donc aucune raison de ne pas dire (et de ne pas penser) :

« Je me remercie maintenant d'être toujours en vie. »

Quoi ? Il plaisante ou quoi ? J'entends vos questions d'ici. Au contraire, je suis très sérieux. Vous prenez peut-être pour acquis le fait d'être encore en vie, mais c'est en réalité un résultat assez délicat à obtenir quand on considère l'immense déploiement de forces dressées contre vous, des astéroïdes aux virus, sans parler des terroristes, des gangsters, des violeurs, des pédophiles, des collecteurs d'impôt, des cyclones, de la nourriture contaminée, de l'eau souillée, de l'air pollué et de tous les autres dangers de tous ordres qui ont chaque jour menacé votre survie depuis votre naissance (sans même tenir compte de vos propres pulsions autodestructrices). Si vous croyez ne pas être pour grand-chose dans le fait de leur avoir échappé, revoyez la question, camarade, revoyez-la.

« Je me remercie d'avoir le courage et l'endurance de continuer. »

De nouveau, vous pouvez penser que cette capacité à continuer existe d'elle-même, mais songez à la dernière fois où une légère ou grave dépression sans fondement s'est ouverte sous vos pas et où vous n'aviez qu'une envie : rester au lit pour vous cacher. Réalisez également que cette lutte pour poursuivre se déroule en permanence aux niveaux les plus profonds de la conscience, et félicitez-vous d'avoir le cran nécessaire pour continuer le jeu un jour de plus. Vous pouvez renforcer cette capacité sans plus tarder en affirmant :

« J'ai le courage, l'endurance et la force de continuer, quoi qu'il advienne. »

« Je me remercie d'être capable d'exprimer mes besoins et mes désirs avec une clarté suffisante pour me mener aussi loin. »

Ce qui nous amène aux autres et à la manière dont vous vous débrouillez avec eux, car c'est un aspect crucial de la manifestation des désirs sur lequel je reviendrai plus tard. Pour le moment, considérez qu'à peu près tout ce que vous désirez vous parviendra par l'entremise d'autres personnes, avec la gracieuse permission de la Dame de la Cantine Universelle… À propos, je suis tenté de l'appeler DCU, mais je résisterai pour des raisons poétiques : l'acronyme évoque plus la guerre que la force ineffable, omniprésente et d'une intrinsèque et inconditionnelle bienveillance qu'elle représente.

Donc, que dites-vous de :

« *J'obtiens tout le temps des autres qu'ils coopèrent avec plaisir et de bon cœur, quoi que je fasse, quelles que soient les personnes avec qui je me trouve et l'endroit où je suis.* »

Elle marche magnifiquement, mais vous avez aussi :

« *J'autorise maintenant les autres à coopérer avec plaisir et de bon cœur avec moi.* »

Remarquez que vous ne cherchez pas à forcer quiconque à agir contre sa volonté, ce qui se retournerait tôt ou tard contre vous. Au contraire, vous gardez en permanence à l'esprit que chacun possède son libre arbitre. Vous vous entraînez aussi à ne rien désirer qui ne soit en désaccord avec la voie de la Dame de la Cantine Universelle. Donc, affirmez quelque chose comme :

« *Les gens ont maintenant plaisir à me donner des tombereaux d'argent simplement pour ma présence sur la planète.* »

À cette affirmation qui mérite amplement d'être essayée, vous pouvez ajouter :

« *Tout ce que j'affirme respecte le libre arbitre de tous et la voie de notre Dame de la Cantine Universelle.* »

ou

« *J'obtiens librement de chacun ce que je désire pour le plus grand bien de tous.* »

Souvenez-vous : vous créez votre propre réalité à partir du jeu de croyances auquel vous choisissez de souscrire à tout moment. Vous avez le pouvoir de transformer complètement les fondements de votre réalité, et de construire ainsi une structure de convictions totalement différente et plus utile, qui produira de magnifiques résultats. En fait, ne vous fiez pas juste à moi, mais affirmez :

« Je crée ma propre réalité à partir du jeu de croyances auquel je choisis de souscrire dans l'instant. Je transforme maintenant complètement les fondements de ma réalité, et me construis ainsi une structure de convictions totalement différente et plus utile, qui produit dès maintenant de magnifiques résultats. »

Et nous aimons tous les magnifiques résultats.

Ou peut-être trouvez-vous grossier de prendre plaisir aux résultats ; peut-être préférez-vous souffrir ? Dites :

« Plus je prends plaisir aux résultats de mes affirmations, plus elles sont efficaces. »

Jusqu'où pouvez-vous prendre du plaisir ? L'idée d'avoir tant de pouvoir potentiel sur la réalité extérieure vous effraie-t-elle ? Dans ce cas, affirmez :

« Mes affirmations ne marchent qu'en accord avec le Tao, la Dame de la Cantine Universelle, Dieu ou tout autre modèle de l'ineffable auquel je peux souhaiter croire. »

D'un autre côté, il n'y a rien de mal à avoir peur, aussi longtemps que vous y prenez plaisir. Affirmez :

« J'ai parfaitement le droit d'avoir peur. »

Répétez l'affirmation 81 fois d'affilée, et vous sentirez que vous commencez à considérer avec décontraction la notion tout entière de peur. La peur n'est que la peur, après tout. Pourquoi la fuir ? Jouissez plutôt de la sensation de peur quand elle apparaît ; elle vous informe au moins que vous êtes en vie. Dites :

« J'ai parfaitement le droit d'avoir peur tant que j'y prends plaisir. »

La formule « tant que j'y prends plaisir », qui permet d'entretenir des sentiments négatifs et désagréables, risque au départ de vous troubler. Précisément, sa fonction est de remettre en question la conviction que vous êtes d'une certaine façon obligé de souffrir. Elle peut s'appliquer à tous les états mentaux négatifs ou douloureux dans lesquels vous vous trouvez.

D'où :

« J'ai parfaitement le droit d'être en colère, tant que j'y prends plaisir. »

« J'ai parfaitement le droit d'être stressé, tant que j'y prends plaisir. »

« J'ai parfaitement le droit de me sentir seul, tant que j'y prends plaisir. »

« J'ai parfaitement le droit de déprimer, tant que j'y prends plaisir. »

« *J'ai parfaitement le droit de me sentir rejeté, tant que j'y prends plaisir.* »

« *J'ai parfaitement le droit de me sentir déplacé, tant que j'y prends plaisir.* »

« *J'ai parfaitement le droit de me sentir oppressé, tant que j'y prends plaisir.* »

« *J'ai parfaitement le droit de me sentir sans intérêt, tant que j'y prends plaisir.* »

« *J'ai parfaitement le droit de me sentir bloqué, tant que j'y prends plaisir.* »

etc.

En même temps, et cela tend à exercer une puissante influence libératrice, essayez :

« *J'ai maintenant parfaitement le droit de me sentir tout le temps rayonnant, superbe et débordant de joie.* »

Et ne vous contentez pas de prononcer les mots, vivez-les de tout votre cœur, de toute votre âme et de toute votre volonté, parce que vous avez le droit de vous sentir ainsi, aussi négatif, restrictif et masochiste soit le conditionnement que vous vous êtes imposé jusqu'ici.

Mais ne vous arrêtez pas là, continuez avec :

« *J'ai maintenant le droit de me sentir tout le temps sexy, sûr de moi et digne d'attention.* »

et

« J'ai maintenant le droit de me sentir tout le temps dans une forme éblouissante. »

Mais peut-être pensez-vous : « Et tous ces pauvres gens qui souffrent à l'instant même ? Comment puis-je avoir le droit de me sentir dans une forme éblouissante quoi qu'il advienne parmi tant de souffrance ? Peut-être devrais-je plutôt souffrir comme eux ? » Votre réaction est parfaitement compréhensible, louable et compatissante, mais elle est malavisée. Vous n'aiderez pas les gens qui souffrent dans le monde en ajoutant votre propre souffrance. En fait, vous devez à vos sœurs, frères et camarades potentiels dans la souffrance d'être dans une forme éblouissante en permanence, car cela augmente les niveaux globaux de bien-être, et ceux-ci agissent comme un pôle magnétique, qui attire de plus en plus de gens vers le plaisir. Une autre question risque alors de vous venir à l'esprit : « Et tous ceux qui sont dans une situation tellement mauvaise qu'ils ne peuvent rien y faire ? » C'est vrai, à l'instant même où vous lisez ces mots, il y a des gens sur la planète, des centaines de millions en fait, qui subissent d'impensables privations et épreuves. C'est une réalité terrible, mais vous n'améliorerez pas leur sort en décidant de souffrir avec eux. Oui, vous éprouvez de la compassion et de l'empathie, et de plus en plus en prenant de l'âge, espérons-le ; eh oui, vous accomplissez tout ce qui est en votre pouvoir pour soulager la douleur des autres chaque fois que l'occasion se présente, mais vous êtes bien plus efficace quand vous êtes gai et fort que quand vous êtes malheureux et faible, car dans cet état, vous n'avez envie d'aider personne, pas même vous. Donc, redressez la tête et dites :

« *En m'autorisant à me sentir dans une forme éblouissante quoi qu'il advienne, je donne l'exemple à ceux qui sont moins chanceux que moi en ce moment.* »

ou

« *En m'autorisant à me sentir dans une forme éblouissante quoi qu'il advienne, j'élève les niveaux globaux de bonne humeur sur la planète, ce qui profite à tout le monde au bout du compte.* »

ou même

« *Je suis plus utile à tous mes sœurs et frères en étant de bonne humeur quoi qu'il advienne.* »

ou simplement

« *Je suis de bonne humeur quoi qu'il advienne.* »

Mais si une résistance à cette idée continue de s'élever des tripes de votre esprit, dites, juste pour faire une expérience avec la réalité :

« *Je m'autorise à être de bonne humeur tout le temps désormais, quoi qu'il advienne.* »

et

« *Je mérite d'être de bonne humeur tout le temps désormais, quoi qu'il advienne.* »

et

131

« Je choisis d'être de bonne humeur tout le temps désormais, quoi qu'il advienne. »

Et si vous ne percevez pas un léger changement dans votre tonalité émotionnelle, vous pouvez peut-être essayer une approche plus directe. Regardez-vous droit dans les yeux et dites simplement : « Oh, secoue-toi, pauvre cloche ! »

Et si même cela ne marche pas, vous devez vous appliquer à renoncer à vos sentiments négatifs, dites :

« Je renonce maintenant à toute souffrance. »

« Je renonce maintenant à toutes les fausses croyances selon lesquelles je dois souffrir ici-bas. »

« Je renonce maintenant à toutes les croyances qui me limitent. »

« Je renonce maintenant à toutes les pensées d'autopunition. »

« Je renonce maintenant à toutes les croyances en l'hostilité de ce monde. »

« Je renonce maintenant à toutes les croyances selon lesquelles je ne peux pas obtenir ce que je désire. »

« Je renonce maintenant à toutes les croyances selon lesquelles je ne devrais pas vouloir obtenir ce que je désire. »

« Je renonce maintenant à toutes les croyances selon lesquelles je ne mérite pas d'obtenir ce que je désire. »

Etc. Mais si vous êtes vraiment preneur d'un brin d'expérimentation avec la réalité, dites tout bonnement :

« Je renonce maintenant à toutes les croyances ! »

Parce que vous avez parfaitement le droit d'être, sans préjugés, ni opinions, ni croyances. Vous avez le droit de simplement traverser la vie dans un état de pure conscience, d'habiter ce que les bouddhistes appellent la « Terre Pure ». Les adeptes du zen parlent aussi d'« esprit du débutant ». Pour les taoïstes, il s'agit seulement d'être comme un enfant ; et ils ne pensent pas à une petite peste trop gâtée. Être comme un enfant signifie posséder l'innocence et la gaieté de Winnie l'ourson, si vous me permettez d'emprunter la splendide métaphore développée par Benjamin Hoff dans *Le Tao de Pooh*. D'où :

« J'avance sur le Grand Boulevard de la Vie avec innocence et sans préjugés, et je m'émerveille de la splendeur de la réalité. »

Bouddhistes et taoïstes relèveraient qu'il s'agit là d'une clé majeure pour atteindre l'illumination et ils ne vous tromperaient pas.

Mais vous pouvez croire qu'être innocent comme un enfant vous rendra vulnérable aux viles intentions des méchants et des tordus rencontrés en route. Dans ce cas, affirmez :

« En m'autorisant à être innocent et enfantin en avançant sur le Grand Boulevard, je me dote instantanément d'un bouclier naturel de protection énergétique qui me garde en permanence en sécurité, quoi qu'il advienne en tout lieu et à tout moment. »

ou simplement

« Je suis protégé et en sécurité à tout moment. »

ou même, répétez sans relâche jusqu'à l'enregistrer dans vos circuits les plus profonds :

« Tout va bien, tout va bien. »

Parce que c'est vrai.

Mais passons maintenant à la question de l'argent, ou plus précisément à celle de la création de richesse personnelle.

Et si nous commencions avec l'affirmation suivante afin de voir ce qu'elle provoque ou évoque ?

« J'aime l'argent. »

La phrase vous reste-t-elle en travers de la gorge ? Cela fait sûrement tellement d'années que vous prétendez le contraire de peur de commettre une faute de goût ou même un péché ! Allez-y, répétez-la plusieurs fois :

« J'aime l'argent, j'aime l'argent, j'aime l'argent, j'aime l'argent, j'aime l'argent, j'aime l'argent ! »

Vous sentez-vous vulgaire ou d'une certaine façon souillé ? Vous n'aimez donc pas ce mot ! Dans ce cas, dites, et c'est peut-être mon affirmation préférée sur le sujet :

« J'aime l'argent, et l'argent m'aime. Nous aimons tous l'argent, et l'amour nous rend libres comme le vent. »

Ce sont en fait les paroles d'une de mes chansons. Je vous la chanterais maintenant si je pouvais et je risque fort de l'enregistrer pour vous un jour, et, qui sait, peut-être même de vous l'interpréter en concert ! D'ici là, peut-être aimeriez-vous lui trouver un air pour la chanter ? Allons-y tous ensemble maintenant :

« J'aime l'argent, et l'argent m'aime. Nous aimons tous l'argent, et l'amour nous rend libres comme le vent. »

C'est bien. Mais pourquoi est-ce bien d'aimer l'argent ? Parce que l'argent est un symbole d'énergie, de l'énergie mise en commun sous forme de travail accompli, de temps consacré et d'attention accordée. C'est en fait le symbole de la monnaie d'échange, ou circulation d'énergie, propre à la société humaine. Et ce partage d'énergie entre nous tous est un phénomène divin. Abandonnez toute connotation négative au sujet de l'argent (l'amour de l'argent est la source de tous les maux et ainsi de suite) et commencez maintenant à l'aimer comme un symbole du divin, le tissu du tablier de la Dame de la Cantine, si vous voulez.

Et si vous pensez que c'est le démon en moi qui parle, vous devriez peut-être envisager d'entreprendre une thérapie dans les meilleurs délais. En fait, même si vous ne croyez pas aux démons et autres absurdités du même genre, je vous conseille de suivre une thérapie à un moment quelconque de votre vie. Non pas parce que vous êtes assez dingue pour lire les livres de votre serviteur, ni parce que je vous crois dingue, mais parce que faire une thérapie est le moyen le plus efficace d'avoir une vue panoramique de ses modèles de réalités internes, et donc une perception de la direction que l'on suit. Mais c'est un vaste sujet, et pour le moment, vous pouvez probablement économiser les milliers d'euros que coûte une thérapie en consacrant une demi-heure, trois ou quatre fois par semaine pendant le reste de votre vie, à faire des affirmations dans le genre de celles-ci.

Sans plus attendre, dites :

« *L'argent me parvient maintenant en quantité toujours croissante, à une vitesse toujours croissante, et de toutes les directions à la fois.* »

et

« *Maintenant, mes revenus dépassent toujours largement mes dépenses.* »

et

« *Les gens adorent me donner de l'argent à la pelle pour ma simple présence sur Terre.* »

Pourquoi pas ? Et

136

L'argent est un symbole d'énergie, de l'énergie mise en commun sous forme de travail accompli, de temps consacré et d'attention accordée. C'est en fait le symbole de la monnaie d'échange, ou circulation d'énergie, propre à la société humaine.

« Je gagne maintenant de l'argent à la pelle en faisant ce qui me donne le plus de plaisir. »

Parce qu'il serait terrible de continuer à travailler en vous imaginant à tort devoir souffrir en occupant un emploi que vous détestez juste pour gagner de l'argent. Vous ne devriez jamais effectuer une tâche que vous détestez : c'est une perte de temps. Si, toutefois, vous occupez à l'heure actuelle un emploi que vous trouvez haïssable, cessez de l'exécrer en délogeant les pensées d'aversion qui lui sont attachées. Essayez de dire :

« J'ai parfaitement le droit de gaspiller mon temps précieux et ma précieuse énergie à détester mon travail, aussi long-temps que j'y prends plaisir. »

ou, si cela ne marche pas pour vous,

« Je suis maintenant prêt à trouver plaisir à tout ce que je fais, quoi qu'il advienne, parce que c'est MA VIE !!! »

et

« En m'autorisant à prendre plaisir à ce qui se passe, ce qui se passe se transforme de lui-même et devient beaucoup plus agréable. »

Autrement dit, en vous soumettant à ce qui se passe, en cessant de combattre la réalité, en l'acceptant et en l'aimant comme un présent choisi, elle cesse de se sentir aussi détestée, et donc détestable, et commence à se comporter plus gentiment envers vous, comme le ferait toute personne que vous aimez davantage. La danse avec la Dame de la Cantine

Les gens adorent me donner de l'argent à la pelle pour ma simple présence sur Terre.

marche ainsi : aimez ce qui est, et ce qui est se transforme en quelque chose d'encore mieux pour vous.

Mais ne le prenez pas pour argent comptant, vérifiez par vous-même. Dites :

« Je m'autorise maintenant à aimer ce qui est, et ce qui est se transforme en quelque chose d'encore mieux. »

Vous trouvez sans doute que je répète beaucoup le mot « maintenant », et je suis d'accord que cela nuit à mon style, mais cette astuce est destinée à remettre sans cesse l'esprit dans l'instant présent, à l'endroit où se trouve, comme je l'ai déjà dit, le pouvoir de transformer la réalité. Alors sentez-vous maintenant libre d'en parsemer vos affirmations avec un joyeux abandon.

Nous arrivons maintenant au sujet de l'amour. Nous souhaitons tous avoir, en plus de l'argent, de l'amour. Fondamentalement, ils se réduisent tous deux à la même chose : un échange d'énergie entre êtres humains. Mais, bien sûr, dans l'amour, la transmission d'énergie est en plus chargée de chaleur, de générosité et d'affirmation de la vie. C'est pourquoi nous en avons tous tellement envie.

Et, comme vous le savez, pour recevoir de l'amour, il faut en donner. Alors, commencez par quelque chose comme...

« Je rayonne constamment d'une énergie chargée de chaleur, de générosité et d'affirmation de la vie. »

Puis passez à...

En rayonnant constamment d'amour, j'en reçois constamment.

« Je rayonne constamment d'amour. »

puis...

« En rayonnant constamment d'amour, j'en reçois constamment. »

et...

« J'aime, je suis digne d'être aimé et je suis aimé. »

et même...

« Je suis amour ! »

Parce que c'est vrai : vous êtes du pur amour en mouvement, et si vous ne me croyez pas, dites :

« Je suis du pur amour en mouvement. »

et...

« Je suis pur amour en mouvement et il en résulte des merveilles qui se produisent en ce moment même, pendant que je prononce cette affirmation. »

Puisque nous en parlons, si votre esprit commence à opposer, sous forme de cynisme, une résistance viscérale à toute forme d'affirmations, dites à ce stade :

« Je construis ma propre réalité en fonction du jeu de croyances auquel je choisis de souscrire. En écrivant, en prononçant ou même en chantant des affirmations, je confirme simplement

mon choix de souscrire à un jeu de croyances qui m'est plus favorable. »

Cela dit, revenons au formulaire de renoncement :

« Je renonce maintenant à toutes les croyances et à toutes les conceptions qui ne me sont plus utiles (parce que tout va bien). »

Et tant que vous y êtes :

« Je renonce à tout et à tous ceux dans ma vie qui ne me sont plus utiles ; je les laisse de mon plein gré partir avec amour. »

Mais si laisser partir le passé, et tout ce qui est devenu inadapté pour vous, vous fait peur, essayez de dire :

« Dès que je laisse partir ce qui ne m'est plus utile, quelque chose ou quelqu'un apparaît instantanément, qui m'est encore plus utile. »

Et si vous trouvez cela un peu égocentrique, dites :

« Je suis maintenant en permanence au service de mes camarades, sœurs et frères, de mon plein gré et avec amour ; plus je me rends utile, et plus on m'est utile. »

Mais je voudrais revenir à l'avant-dernière affirmation et expliquer en quelques mots cette histoire de manifestation instantanée.

Tout ce que vous désirez finit par se manifester instantanément, même si en arriver là peut souvent demander une longue succession d'instants dans le temps linéaire. Le raisonnement est sans doute spécieux, mais affirmer qu'une chose survient instantanément provoque une petite secousse agréable dans la région du cerveau central. En outre, obtenir vraiment des résultats immédiats se produit parfois, en particulier lorsqu'on utilise des affirmations concernant des qualités générales comme celles que nous venons de voir.

J'aimerais revenir un peu en arrière, au moment où j'évoquais l'idée de se sentir constamment en train de déborder de joie, comme dans l'affirmation suivante :

« J'ai parfaitement le droit de déborder de joie en permanence. »

Des dizaines d'années d'observation attentive des autres et de moi-même m'ont amené à penser que nous inhibons notre état de joie naturel. Nous le dissimulons sous une couche de nonchalance, d'anxiété, de stress, de dépression et de différents états négatifs. Pourtant, si nous arrêtions de le faire, nous exulterions en permanence simplement parce que nous sommes en vie sur une planète tournant sur son axe à 1 600 km/h, tout en fonçant dans l'espace pour aller Dieu sait où, à plus de 100 000 km/h. Se sentir déborder de joie est la réaction naturelle à cela. « Et alors ? » pensez-vous. Et alors, vivre en état permanent d'exultation est sacrément plus agréable que de subir le stress, la déprime, l'anxiété, l'apathie ou tout autre état négatif. Et vous avez réellement le choix à effectuer entre les deux états, même si votre esprit s'identifie furieusement à la déprime ou au stress. Mais vous n'avez pas besoin de me croire ; essayez juste de répéter la phrase suffisamment souvent pour qu'un moment d'exultation remonte à la surface, vous verrez alors où je veux en venir :

« J'ai parfaitement le droit de déborder de joie en permanence. »

Il en va de même avec votre santé, dont dépendront beaucoup votre plaisir et votre dynamisme sur le chemin de l'exaucement de vos désirs. Eh oui ! Jouir d'une bonne santé est aussi un choix que vous faites. Pour commencer, la santé est toujours relative ; nous avons tous quelque chose qui ne va pas, et il s'agit de gérer notre état physique non seulement pour qu'il ne se dégrade pas, mais aussi pour qu'il s'améliore. Vous pouvez obtenir ces résultats avec les affirmations suivantes...

« J'ai parfaitement le droit d'être en bonne santé tout le temps. »

ou...

« Je choisis d'être maintenant en bonne santé tout le temps. »

ou...

« Mon inconscient est à l'instant même en train de reprogrammer toutes les cellules de mon corps pour qu'elles soient en parfaite santé. »

et...

« Je jouis maintenant tout le temps d'une santé, d'une endurance et d'une vitalité à toute épreuve. »

Si cela provoque une réaction superstitieuse de l'intérieur et que vous avez l'impression de tenter le diable, dites :

Vivre en état permanent d'exultation est sacrément plus agréable que de subir le stress, la déprime, l'anxiété, la nonchalance ou tout autre état négatif. **"**

« *Je suis libéré du besoin de craindre la maladie ; la santé est un choix, et je choisis ici et maintenant une santé éclatante.* »

Vous pouvez aussi détailler, comme dans...

« *Je choisis maintenant la santé pour mon foie, je choisis la santé pour ma rate, je choisis la santé pour mes poumons, je choisis la santé pour mon cœur, je choisis la santé pour mon cerveau et mon système nerveux, je choisis la santé pour mes os et mes muscles, je choisis la santé pour mes organes sexuels, je choisis la santé pour mes intestins, je choisis la santé pour mes membres, je choisis la santé pour mes dents et mes gencives, je choisis la santé pour chaque petit bout de ma personne. Je suis un être en pleine santé !* »

La situation est la même avec l'endurance, une qualité qui vous sera extrêmement utile pour vous soutenir sur le chemin. Répétez à volonté :

« *Je choisis maintenant d'accéder à une endurance sans limites pour tenir la distance.* »

La notion d'« accéder » est un bon procédé avec lequel jouer sur un plan général, comme dans :

« *J'accède maintenant à une santé, une endurance, une vitalité, une souplesse, un enthousiasme, une vigueur et un entrain sans limites.* »

ou, sur un plan plus psychoaffectif,

« *J'accède maintenant à une attention, un calme, une sérénité, une sagesse, un recul, une assurance, une lucidité, une
concentration et une splendeur générale inébranlables, quoi
qu'il advienne.* »

Et en parlant de quoi qu'il advienne, essayez...

« *Je suis la reine (ou le roi) de quoi qu'il advienne.* »

Cette phrase provient d'une histoire que m'a racontée un
vieil homme, aujourd'hui décédé, du nom de Donovan.
Voici ma version :

Il était une fois, il y a très longtemps, un royaume qui
traversait des temps difficiles. Une forte baisse de la nappe
phréatique avait asséché tous les puits. Non seulement les
gens avaient soif et déprimaient, mais en plus ils empes-
taient et on ne voyait plus un seul bouquet de fleurs coupées
dans tout le pays. Les montagnes voisines abritaient pourtant un vaste lac dont l'eau pure aurait pu irriguer facilement la plaine frappée par la sécheresse, mais le seul moyen
d'y accéder était un sentier extrêmement étroit et dangereux
gardé par la vieille harpie la plus laide et la moins coopéra-
tive jamais venue au monde. Ses pouvoirs magiques et sa
puissance destructrice étaient si grands que seul le meilleur
guerrier pouvait envisager de tenter de la défier.

Le vieux roi rassembla donc ses plus vaillants chevaliers et
envoya le plus courageux et le plus fort dans la montagne.
Ce dernier arriva bientôt à l'endroit où la vieille sorcière
montait la garde. Il descendit de cheval et se retrouva soudain face à la créature la plus hideuse et la plus effrayante
qu'il ait jamais vue. Elle avait d'énormes verrues sur le nez,

de longs poils gris sur le menton et son haleine empestait comme celle d'un millier de chiens malades. En outre, la crasse, le pus et des traces de fluides corporels, que la décence impose de taire, recouvraient toutes les parties visibles de son corps.

« Si tu souhaites passer, tu dois m'embrasser ! » grinça-t-elle d'un ton menaçant, une lueur démente dans les yeux.

« Point ne te baiserai, vieille harpie, écarte-toi et cède-moi le passage ! » répondit vaillamment, mais stupidement, le courageux chevalier. Au moment où il allait dégainer son imposante épée pour tuer la sorcière, celle-ci le pétrifia du regard, l'attrapa par les épaules et le jeta hors du sentier, dans le profond ravin où il alla s'écraser sur les rochers et périr.

Voyant qu'il ne revenait pas, le roi envoya son deuxième meilleur chevalier, qui connut exactement le même sort, puis un troisième. Ne le voyant pas revenir non plus, le roi, ainsi que ses courtisans et tous ses sujets, sombrèrent dans une grande consternation. Mais au milieu du silence désolé, une petite voix s'éleva : « J'irai, votre majesté, et je reviendrai victorieux ! »

Le roi et sa cour se tournèrent pour voir d'où provenait la voix et découvrirent au milieu de la foule un jeune homme qui tenait son chapeau à la main. « J'irai, votre majesté », répéta-t-il. Le roi faillit lui dire : « Pas d'enfantillage jeune homme, si mes trois plus vaillants chevaliers ont échoué dans la quête, comment peux-tu penser que tu seras victorieux ? », mais il se rendit soudain compte qu'il n'avait rien à perdre, vu le caractère désespéré de la situation.

« Très bien, jeune homme ; à Dieu va ! »

Le jeune homme partit et emprunta le sentier de montagne. Il atteignit bientôt l'endroit où l'horrible harpie montait la garde.

« Si tu souhaites passer, jeune homme, tu dois m'embrasser ! » grinça-t-elle.

Le jeune homme ouvrit grand ses bras et répondit sans hésiter : « Non seulement vais-je te donner un baiser, mais je vais aussi te prendre dans mes bras ! » Et sur ces mots, il enlaça tendrement la harpie hideuse pour l'embrasser sur la bouche.

La sorcière se transforma alors instantanément en la plus jolie princesse jamais contemplée par des yeux humains.

« Tu es maintenant le roi de quoi qu'il advienne, dit-elle en indiquant d'un geste les terres qui s'étendaient en dessous, et si tu veux de moi, je serai à jamais ta reine. »

Sur ces mots, l'heureux couple retourna auprès du vieux roi, après avoir alimenté le royaume en eau. Le souverain faillit mourir de joie en voyant sa fille – elle avait disparu depuis qu'une sorcière l'avait transformée en vieille harpie, alors qu'elle était bébé. Le roi donna immédiatement son consentement à leur union et fit d'eux le roi et la reine de ses terres.

Les morales de cette petite histoire sont nombreuses mais une seule nous concerne ici : dès que l'on se soumet à la réalité, aussi laide puisse-t-elle paraître, dès qu'on l'accepte et qu'on la prend dans ses bras, elle se transforme immédiatement en quelque chose d'une grande beauté et d'une grande générosité, et l'on devient roi ou reine de quoi qu'il advienne.

66 Dès que l'on se soumet à la réalité, aussi laide puisse-t-elle paraître, elle se transforme immédiatement en quelque chose d'une grande beauté et d'une grande générosité. **99**

Ce qui nous ramène à dire :

« *Je suis le roi (ou la reine) de quoi qu'il advienne.* »

La prochaine fois que vous vous retrouvez dans un sale pétrin, prononcez la formule et profitez de ses effets transformateurs.

Mais laissons tout cela de côté pour le moment et tournons notre attention vers des affirmations destinées à manifester des objets ou des événements spécifiques, en temps réel, sans effort ni peine, et aussi rapidement que possible par un agréable saut quantique, ou une série de sauts.

Je parle de « saut quantique » parce que le *wu wei* fait survenir les choses subitement, plutôt que petit à petit selon un mode linéaire. Vous avez souvent l'impression que rien ne se produit, puis, d'un coup, vous vous retrouvez dans une réalité complètement différente comportant tout ce que vous avez visualisé. N'oubliez pas qu'en affirmant, vous lancez en même temps la visualisation associée.

Si, par exemple, vous avez envie de manifester une situation où un travail (voire un projet) vous permet d'utiliser vos talents et vos compétences pleinement, de vous épanouir à tous niveaux, notamment sur le plan créatif, tout en vous assurant un fantastique revenu, dites :

« *Je manifeste maintenant facilement, sans effort, agréablement, rapidement, miraculeusement et d'un formidable saut quantique le projet professionnel parfait pour moi, qui me permet de tirer parti de tous mes talents et compétences, y compris de ceux que je ne pensais pas avoir.* »

Je suis le roi (ou la reine) de quoi qu'il advienne.

Ou, si vous voulez manifester la maison parfaite pour vous (et votre famille, le cas échéant), même sans savoir d'où vient l'argent, dites :

« Je manifeste maintenant la maison parfaite pour moi, même sans savoir d'où vient l'argent, facilement, sans effort, agréablement, rapidement et miraculeusement. »

À l'évidence, il serait sage de prévoir un petit délai d'application : dénicher la maison parfaite se révèle toujours délicat, mais ce délai sera beaucoup plus facile à supporter si vous reconnaissez que vous occupez l'habitation parfaite pour vous actuellement, même si l'endroit ne vaut rien. Rappelez-vous, vous avez déjà ce que vous désirez ici et maintenant, même si son aspect vous déplaît. D'où :

« En acceptant que l'endroit où je suis soit exactement l'endroit où je veux être, je déclenche instantanément un processus de transformation qui me conduit maintenant à ma maison parfaite, facilement, sans effort, agréablement, rapidement et miraculeusement. »

Ou si vous voulez être engagé dans la relation amoureuse parfaite pour vous maintenant :

« Je manifeste maintenant la relation amoureuse parfaite pour moi maintenant, facilement, sans effort, agréablement, rapidement et miraculeusement. »

Ou si vous êtes vraiment impatient :

« Je manifeste maintenant la relation amoureuse parfaite pour moi maintenant, instantanément, facilement, sans effort, agréablement, rapidement et miraculeusement. »

Rappelez-vous que vous avez déjà ce que vous désirez ici et maintenant, même si cela vous déplaît.

Résistez à la tentation de placer une personne spécifique dans le tableau, vous feriez de la mauvaise magie et cela se retournerait contre vous. Tenter de manipuler des personnes spécifiques grâce au pouvoir de l'esprit est un emploi abusif de l'énergie. Autorisez-vous plutôt à attirer la personne considérée comme la mieux adaptée par la Dame de la Cantine Universelle – celle-ci est bien placée pour le savoir, car tous les postulants déposent d'abord leur requête de relation auprès d'elle, qu'ils s'en rendent compte ou non. Au fait, ai-je mentionné que la Dame de la Cantine Universelle travaille au noir – la nuit, les week-ends et pendant les vacances scolaires – en tant que directrice de l'Agence Matrimoniale Universelle ? Qui lui en voudrait ? De nos jours, il est difficile de joindre les deux bouts avec seulement le salaire d'une dame de la cantine !

À propos, il est également utile, à cet instant, d'ouvrir les bras comme pour une étreinte et d'appeler silencieusement l'esprit de la personne que vous êtes en train d'attirer dans votre orbite (même si vous n'avez pas d'indice sur son identité et sa localisation, ne doutez pas du fait qu'à cet instant elle a une identité et se trouve quelque part sur la planète, à moins bien sûr que vous ne soyez sur le point de convoler avec un extraterrestre anonyme), et de déclarer : « Viens – je t'accueille dans mon orbite –, je suis prêt pour toi, viens maintenant (si tu veux) ! » Mais vous devez réellement le ressentir, c'est-à-dire sentir la connexion psychique se produire, sentir l'autre le sentir aussi, et si vous le faites avec sensibilité, assurance et confiance, le moment peut être très romantique, psychiquement parlant. Il ne s'agit toutefois pas d'une affirmation, mais d'une invitation. Quoi qu'il en soit, retournons à nos moutons.

66 Je manifeste maintenant la relation amoureuse parfaite pour moi maintenant, facilement, sans effort, agréablement, rapidement et miraculeusement. **99**

Disons que vous désirez manifester une subite fortune personnelle, assez immense pour avoir du mal à trouver où caser tout ce que vous possédez. Donc :

> *« Facilement, sans effort, agréablement, rapidement et mira-culeusement, je manifeste maintenant une subite fortune per-sonnelle assez immense pour que j'aie du mal à trouver où caser tout ce que je possède. »*

Je prends ces quatre exemples parce que les gens souhaitent en général avoir un travail qu'ils adorent et qui leur assure un revenu substantiel, posséder et habiter une maison superbe, vivre une relation merveilleuse à tous points de vue et amasser une grosse fortune personnelle. Mais, bien sûr, vous pouvez utiliser les affirmations pour manifester tout ce qui vous chante, du plus trivial et quelconque au plus grandiose et significatif. Par exemple, vous pouvez avoir besoin d'affirmations pour nettoyer la salle de bains et mettre les serviettes sales dans la machine à laver alors que vous n'êtes vraiment pas d'humeur, mais n'avez aucun moyen d'éviter cette corvée parce qu'il n'y a plus de serviettes propres, que le carrelage est recouvert d'une épaisse couche de crasse et que vous avez besoin de prendre une douche. Dans ce cas, dites :

> *« Facilement, sans effort, agréablement, rapidement et mira-culeusement, je nettoie maintenant la salle de bains et mets toutes les serviettes sales dans la machine à laver afin qu'elles soient sèches quand je prendrai ma douche et sortirai d'ici pour aller faire ce que j'ai à faire. »*

Vous trouvez peut-être stupide d'appliquer ses pouvoirs magiques à des questions aussi terre à terre, mais c'est préfé-

66 Ouvrez les bras comme pour une étreinte et appelez silencieusement l'esprit de la personne que vous êtes en train d'attirer dans votre orbite. **99**

« Viens – je t'accueille dans mon orbite –, je suis prêt pour toi, viens maintenant (si tu veux) ! »

rable à tourner en rond comme un empoté paresseux et malpropre en train de déprimer. Eh oui ! les gens dépriment à cause de choses aussi bêtes.

Mais vous savez, tant qu'il ne me vient pas à l'esprit des exemples spécifiques de choses que vous aimeriez manifester par affirmation (auquel cas je les incorporerai si discrètement que vous ne le remarquerez même pas, juste avant cette phrase, probablement, vous ne verrez donc jamais le raccord ; de la magie pour vous), j'ai envie d'interrompre ce flux particulier de pensée, et de boucler cette séance d'affirmations avec quelques grandes déclarations attrape-tout qui donneront vie à toutes les autres. Ne vous acharnez pas sur les affirmations si vous sentez qu'elles vous lassent ou qu'elles perdent leur fraîcheur ; ne peinez jamais dessus, autrement dit, mais faites-en toujours un acte de joie. Et puisque nous en parlons, dites :

« Faire des affirmations est pour moi un acte de joie, et plus j'évoque de joie en moi, plus rapidement je manifeste ce que je désire. »

puis,

« Je me trouve totalement charmant dans toutes mes relations avec les autres. »

Je l'ai déjà relevé, la majeure partie de ce que nous souhaitons obtenir dans le monde nous parvient par l'entremise d'autres personnes, la Dame de la Cantine se charge des expéditions, mais ce sont les gens qui livrent ; vous avez donc tout intérêt à apprécier la manière dont vous communiquez, parce qu'ainsi, les autres l'apprécieront aussi.

Ne vous acharnez pas sur les affirmations si vous sentez qu'elles vous lassent ; ne peinez jamais dessus mais faites-en un acte de joie.

et

« Je me rends maintenant disponible à ce que les autres coopèrent avec moi de bon cœur et avec plaisir. »

ou

« J'inspire maintenant aux autres l'envie et le plaisir de coopérer avec moi. »

et

« Je suis toujours au bon endroit, au bon moment, avec les bonnes personnes, à faire la bonne chose avec le bon résultat (pour moi et pour les autres à ce moment). »

et

« La Dame de la Cantine Universelle m'aime et m'apporte maintenant tout ce dont j'ai besoin. »

Vous pouvez remplacer la Dame de la Cantine par toute autre appellation du divin qu'il vous plaît d'employer, dites :

« Ma conception du divin me soutient maintenant. »

et

« J'ai le pouvoir de manifester tout ce que je désire, de la manière qui me convient actuellement, en accord avec le libre arbitre de toutes les personnes impliquées et dans l'idée qu'elles et moi obtenions le meilleur, et c'est exactement ce que je fais. »

"La Dame de la Cantine Universelle m'aime et m'apporte maintenant tout ce dont j'ai besoin."

« *Je crée ma propre réalité.* »

Répétez-le :

« *Je crée ma propre réalité.* »

encore

« *Je crée ma propre réalité.* »

et encore…

« *Je crée ma propre réalité.* »

« *Je crée ma propre réalité.* »

« *Je crée ma propre réalité.* »

« *Je crée ma propre réalité.* »

« *Je crée ma propre réalité.* »

« *Je crée ma propre réalité.* »

« *Je crée ma propre réalité.* »

« *Je crée ma propre réalité.* »

« *Je crée ma propre réalité.* »

« *Je crée ma propre réalité.* »

« *Je crée ma propre réalité.* »

Puis terminez la séance avec une phrase de conclusion de votre choix sur le thème de :

« *Qu'il en soit ainsi.* »

ou

« *Ainsi soit-il.* »

165

ou

« *Oui, il en est ainsi.* »

ou simplement

« *À vous maintenant, Dame de la Cantine.* »

Adresser des invitations aux esprits

Nous venons juste d'effleurer le sujet, mais sachez qu'en plus d'affirmer ceci ou cela, vous êtes parfaitement libre de parler, pour ainsi dire, directement à l'essence ou à l'esprit de quelque chose pour l'inviter dans votre orbite. Adresser des invitations aux esprits peut se réduire à une séance de cabotinage sans retenue, mais peut aussi déclencher des résultats positifs si vous avez le bon état d'esprit. Admettons donc, par exemple, que vous souhaitiez disposer d'une assurance inébranlable pour traverser une phase d'activité particulière ou vous aider sur le plan général pendant tout le reste de votre vie. Adressez-vous à l'essence intrinsèque ou « esprit » de l'assurance inébranlable et dites :

« *Esprit de l'assurance inébranlable, je te souhaite maintenant la bienvenue dans ma vie ; viens, viens !* »

ou

« *Esprit de l'assurance inébranlable, entre en moi maintenant.* »

Et si vous voulez le succès :

« *Esprit du succès, je te souhaite maintenant la bie[...]
dans ma vie ; viens, viens !* »

ou

« *Esprit du succès, entre en moi maintenant.* »

ou même

« *Entre en moi maintenant, esprit du succès.* »

Bien entendu, vous pouvez utiliser la formulation de votre choix. Si vous désirez la richesse, vous pouvez même dire :

« *Esprit de la richesse, sois en moi maintenant.* »

ou

« *Je te souhaite la bienvenue dans ma vie maintenant, esprit de la richesse, viens, viens, viens !* »

Bien sûr, la formule n'a pas d'importance tant que vous sentez que vous entrez en relation avec l'essence de la qualité que vous souhaitez inviter dans votre vie à ce moment. La méthode peut être appliquée à tout ce que vous désirez – abondance, amour, popularité, santé, tranquillité, sagesse, éveil, joie, courage, beauté, sex-appeal –, vous n'avez qu'à parler, vous pouvez l'inviter en vous. Pour plus de succès, visualisez la qualité que vous désirez inviter en train de pénétrer par les pores de votre peau pour vous remplir, peut-être sous forme de vapeur ou de lumière, peut-être sous l'apparence d'un énorme esprit boudiné dans un tutu fluo. Encore une fois, cela n'a pas d'importance tant que vous communiquez depuis les profondeurs de votre être. La démarche s'appelle une invocation dans le jargon occultiste. C'est une opération qui peut être efficace si vous êtes dans le bon état d'esprit ; à défaut, elle est juste bizarre.

Rechercher l'essence

Cette technique marche bien quand on souffre d'une absence, en général l'absence d'une personne que l'on aime, ou que l'on croit aimer, ou dont on est même juste entiché. Le processus est le suivant : vous imaginez ce que vous éprouveriez si vous étiez avec cette personne à l'instant. Faisons semblant : vous vous sentiriez probablement au chaud, en sécurité, désirable, apprécié, digne d'intérêt, reconnu, excité, diverti, sexy et tout à fait merveilleux. Vous affirmez donc quelque chose comme :

« J'accède maintenant à la chaleur de l'intérieur. »

et vous « sentez » cette chaleur se répandre dans tout votre corps, et en particulier autour de votre cœur, car c'est là qu'elle se manifesterait le plus en présence de la personne qui vous manque.

Puis vous dites :

« Je choisis de me sentir en sécurité maintenant. »

ou simplement

« Je suis en sécurité. »

et vous vous autorisez à vous détendre et à vous sentir en sécurité immédiatement, puis :

« *Je suis désirable.* »

« *Je m'apprécie.* »

« *Je me déclare digne d'intérêt maintenant.* »

« *Je me reconnais maintenant.* »

« *Je me trouve excitant maintenant.* »

et je dis cela sans connotation, petit effronté, encore que rien ne l'interdit, si vous le désirez.

Puis,

« *Je m'autorise à être pleinement diverti par la vie ici et maintenant.* »

et

« *Je suis sexy et tout à fait merveilleux en tout.* »

Et si vous pensez vraiment ces paroles en les prononçant, ou parvenez à faire remonter le souvenir des émotions qu'elles évoquent, vous allez non seulement réduire considérablement le poids de l'absence, récupérant ainsi une partie de votre pouvoir personnel et de votre aplomb, mais aussi, et c'est plus important, provoquer une modification de la qualité vibratoire de votre champ d'énergie qui donnera envie à une personne appartenant à votre environnement proche, peut-être la personne qui vous manque, peut-être une autre encore plus appropriée, de venir se joindre à la fête. Parce que le monde marche ainsi. Lorsque vous vous sentez en manque d'affection, cela déclenche une réaction

“ Je suis sexy et tout à fait merveilleux en tout. **”**

négative de votre champ énergétique, qui repousse au lieu d'attirer. Il vous suffit de vous reconnaître la capacité de combler ce manque seul pour aussitôt élever votre rythme vibratoire et attirer des gens à vous. Autrement dit, personne n'a envie de manger dans un restaurant vide.

Et le constat s'applique non seulement aux gens qui pourraient vous manquer, mais aussi aux choses. Donc, par exemple, si vous vous languissez de votre maison parfaite, il vous suffit d'imaginer les émotions que vous éprouveriez en y vivant à l'instant, disons la sécurité, le confort, le sentiment de réussite, le calme et la félicité. Prononcez ensuite des affirmations, faites une invocation, visualisez, ou faites les trois, dans le but d'avoir accès à un moment de sécurité, de confort, de sentiment de réussite, de calme et de félicité. Vous réduisez ainsi le manque et retrouvez votre équilibre ; n'oubliez pas : la Dame de la Cantine ne dansera pas avec vous si vous n'êtes pas équilibré, et avant d'avoir le temps de comprendre ce qui se passe, vous l'entendrez taper à la porte, tenant à la main les clés, les titres de propriété et le mode d'emploi de la machine à laver et de la porte électrique du garage. Peut-être même aura-t-elle la pince à épiler.

Mais, bien entendu, le plus important est de retrouver son équilibre dans l'ici et maintenant – pas d'obtenir l'objet de son désir, car il n'existe rien d'autre que l'ici et maintenant. Dès le retour de l'équilibre, vous regardez autour de vous et dites : « J'ai manifesté tout cela, parce que c'est exactement ce que je désire, même si ce n'est pas terrible parfois : vive moi ! » Autrement dit, vous refaites la paix avec votre réalité, ce qui est au bout du compte toute la question (si question il y a, s'entend).

"Lorsque vous vous sentez en manque d'affection, cela déclenche une réaction négative de votre champ énergétique, qui repousse au lieu d'attirer.**"**

Les vœux

Encore une fois, c'est une question de goût et d'état d'esprit. Si vous êtes d'humeur à faire des vœux, alors mieux vaut probablement commencer par souhaiter que tout soit exactement comme il en est actuellement. Cela équivaut à reconnaître que vous avez déjà exactement ce que vous désirez et vous place dans une position de force (personnelle). Obtenir en prime un résultat immédiat conforte votre confiance en vous.

Le vœu a un caractère mystique, il ressemble à une visualisation ou à une affirmation seulement ébauchée parce que vous manquez de confiance dans votre pouvoir personnel de manifestation, mais c'est parfait si c'est ce que vous souhaitez, comme je l'ai déjà dit.

Faire un vœu revient à dire à la Dame de la Cantine ce qu'elle doit mettre dans votre assiette. Vous aurez peut-être envie de visualiser celle-ci en train de vous écouter au moment où vous faites votre demande. Mais peu importe ! Il y a de nombreuses façons de faire des vœux : certains jettent des pièces dans des fontaines, d'autres allument des cierges dans des églises, d'autres aiment plaquer une image de leurs désirs sur une lune pleine, avec l'idée que leur vœu sera réalisé à la pleine lune suivante. Personnellement, il fut un temps où, alors que je traversais Waterlow Park pour rentrer du dispensaire où je travaillais comme thérapeute, je disais au moment où je passais sous l'arcade de l'un des jardins clos de vieux murs : « En passant sous cette arcade, je laisse le passé derrière moi et entre dans un monde entièrement neuf qui comporte tout ce que je désire. » À ce stade, si je me sentais l'esprit particulièrement musclé, je m'arrêtais un moment pour énoncer tout ce que je désirais, ce qui (avec tout le reste) semble avoir fonctionné à merveille.

Mais c'était juste mon petit rituel. Je suis sûr que vous avez déjà votre propre répertoire de rituels. Sinon, autorisez-vous à inventer un petit quelque chose à utiliser dans de telles occasions. Fondamentalement, plus vous renforcez votre vision, mieux c'est, à condition de ne pas en faire une obsession. Mais nous en parlerons plus tard. Pour le moment, faites un vœu. Pourquoi pas ?

Prier

Certaines personnes aiment prier. Certaines aiment prier tout le temps, d'autres adressent leurs prières à ceci, ou à cela. Certaines utilisent des mots particuliers qu'elles investissent d'un pouvoir spécial, d'autres prient sans mots, laissant leur cœur formuler le message. Certaines personnes prient dans des lieux reconnus par la religion à laquelle elles adhèrent – si elles adhèrent à une religion –, d'autres prient dans des toilettes d'avion, quand de sévères turbulences les surprennent en pleine action, le pantalon sur les chevilles. Certaines personnes adressent leurs prières à un dieu masculin, d'autres à une divinité féminine, certaines le font même à la Dame de la Cantine.

En bref, quelle que soit la manière dont vous priez, ou dont vous ne priez pas, vous devez rester dans un état de prière, c'est-à-dire être toujours conscient d'être en train de danser avec le Tao, le divin, ou, oui, la Dame de la Cantine Universelle, parce qu'entretenir cet état est ce qui donne substance et sens à votre vision – votre vie, autrement dit. Concrètement, tout le texte qui précède consti-

66 Plus vous renforcez votre vision, mieux c'est, à condition de ne pas en faire une obsession. **99**

tue un entraînement à l'état de prière. Je le mentionne seulement au cas où vous seriez porté sur la prière, mais il s'agit seulement d'une autre manière d'encadrer le même tableau, ne vous braquez donc pas trop dessus, à moins bien sûr que vous preniez plaisir à vous braquer. La capacité à s'investir dans ce qui suit est probablement beaucoup plus importante.

Insuffler de l'amour à (votre image de) tout être et toute chose

Il n'y a rien de tel : un peu d'amour insufflé à tout être et à toute chose, ou du moins à votre image de tout être et de toute chose, produit automatiquement des merveilles. Essayez maintenant. Commencez par visualiser vos proches en inspirant. À l'expiration, voyez un flot d'amour (une vapeur rose si l'idée vous plaît) jaillir du centre de votre poitrine et les envelopper de manière agréable, et voyez-les recevoir cet amour. Visualisez ensuite tous les gens avec qui vous travaillez, un par un ou en groupe, et faites de même. Puis visualisez tous ceux avec qui vous pouvez avoir des difficultés, et accordez-leur double ration (d'amour, pas de difficultés). Cette catégorie peut bien entendu inclure des gens que vous n'avez jamais rencontrés, peut-être des personnalités vues à la télévision et dont les agissements vous perturbent, ou même la totalité de l'espèce humaine si vous trouvez la relation un peu délicate. Quoi qu'il en soit, insufflez de l'amour à tout le monde sur Terre ; inutile d'élaborer un scénario individuel, une photo de groupe fera l'affaire. Et n'en restez pas là. Insufflez de l'amour à tous les animaux, les oiseaux, les poissons, les insectes, les araignées, les arbres, les plantes, les fleurs, le moindre brin d'herbe, les pierres, les montagnes, les cours d'eau, les océans ; et n'oubliez pas les bâtiments, les réseaux d'égout, les lignes de téléphone, les avions, les voitures, les bateaux, les trains et les infrastructures générales parce qu'ils ont besoin d'amour, eux aussi ; et puis incluez même la Lune, le Soleil, les planètes, les étoiles, les astéroïdes, les comètes, les trous noirs – oui, même eux – et finalement l'univers tout entier. Et tant que vous y êtes, insufflez de l'amour à vos projets, à vos relations et à tout ce qui fait partie de votre vie, y compris à vous, à votre corps, à vos cheveux, à votre peau et à vos produits de beauté, à votre pince à épiler, à vos aliments, à vos boissons, à votre logement, à votre voiture et même à votre chapeau en fourrure de léopard si vous en avez un.

D'ailleurs, vous remarquerez que peu de temps après une séance d'insufflation d'amour, des choses étonnantes commencent à se produire ; vous vous sentez notamment extrêmement aimable (et aimant). Essayez. C'est un moyen très agréable d'accomplir des miracles, littéralement.

Miracles ?

La transformation d'eau en vin, ou, si vous tenez compte de la facilité et des évolutions du marché, de vin en eau, correspond manifestement à une métaphore de la transformation, par un grand coup de saut quantique, d'un concours de circonstances en un autre plus utile. Je ne suis pas en train de dire qu'avec le bon entraînement dans cette vie, il est impossible de réellement transformer un liquide en un autre (sans passage par la vessie s'entend), mais la question n'est pas là. L'important est d'être conscient que la réalité se déroule en fait sur le plan quantique. Le plan linéaire, où les

Insufflez de l'amour à tout le monde sur Terre ; inutile d'élaborer un scénario individuel, une photo de groupe fera l'affaire.

"Juste après une séance d'insufflation d'amour, des choses étonnantes commencent à se produire.**"**

choses semblent s'enchaîner selon une chronologie s'étendant dans le prétendu futur, est seulement un artifice trompeur que nous utilisons entre nous pour donner un sens à toute l'affaire. Alors qu'en fait, si vous avez les yeux en face des trous, vous ne tardez pas à vous apercevoir que tout se produit simultanément dans un champ latéral aux possibilités illimitées – où vous occupez le centre d'une série infinie de cercles concentriques dont la taille croît selon un mode exponentiel. Et si, à chaque moment, vous vous trouvez être ce qu'il vous faut être pour percer l'illusion avec suffisamment de concentration et de clarté, vous devenez capable de matérialiser du vin à partir d'eau, de l'eau à partir de vin ou même de la lessive liquide à partir de vieilles chutes de moquette si c'est ce qui fait votre affaire. Mais comme tout le reste sur le plan linéaire, il ne s'agit que d'un jeu de lumière. Sa dimension surprenante lui vaut de mériter le nom de miracle (littéralement, objet d'étonnement), mais si vous voulez vous exprimer avec davantage de précision, parlez d'événement quantique ; ça fait plus sérieux.

Donc, peut-on vraiment changer son destin grâce à tous ces trucs ?
(la question du destin opposé au libre arbitre)

Je ne sais pas. Personne ne l'a jamais su, personne ne le sait et personne ne le saura jamais, à moins d'être sacrément plus malin que votre serviteur. C'est une question sans réponse. D'ailleurs, essayer de lui en donner une s'apparente à un exercice de masturbation intellectuelle, soit une totale perte de temps et d'énergie. Laissez cela aux philosophes de ce monde.

Vous avez sans aucun doute le pouvoir de manifester ce que vous désirez, mais n'était-ce pas ce que votre destin dictait ? Est-ce que cela importe ? Si vous avez envie de vous croire réellement capable de modifier votre destin, ne vous gênez pas. Si l'idée vous effraie ou vous trouble, n'y croyez pas. Cela ne fait pas la moindre différence. Ce qui compte, c'est d'optimiser, par la manifestation de vos désirs, votre vie dans tous ses aspects, en particulier le plaisir que vous en tirez, tant que vous avez une vie à optimiser. Quand vous serez sur le point de laisser tomber votre corps et de passer dans l'autre royaume, vous pourrez vous retourner et dire : « Ah, c'était donc ça, mon destin ! »

Mais essayer de définir son destin à l'avance n'est qu'un jeu de dupes. C'est très bien de ne pas savoir. « C'est très bien pour moi de ne pas savoir » est une affirmation de première importance : parce que nous passons tous tant de temps à tenter de savoir des choses, alors que nous ne savons pratiquement rien si l'on considère la diversité et l'étendue de cet univers. Laissez donc la connaissance un peu tranquille. Et en parlant de ne pas savoir, connaissez-vous la différence entre...

Désir et besoin

Parce que moi je ne suis pas sûr de la connaître. À l'évidence, ce dont vous avez besoin apparaît en tête de la liste du modèle originel de visualisation : air, eau, nourriture, abri, vêtements, chaleur humaine, santé et, je suppose, du sexe de temps en temps ; je dis « je suppose » parce que de nombreux moines, nonnes et autres saintes personnes vouées au célibat s'en passent.

Au-delà, nous entrons dans le domaine de l'embellissement : divertissement, amour, sexe de meilleure qualité, davantage de sexe, richesse, développement intellectuel, statut social, popularité, voyages, véhicules, équipement, symboles de statut social, sensations fortes, reconnaissance d'une forme ou d'une autre, aventure (une forme avancée de divertissement), clarté spirituelle, but dans la vie. Je me contente de laisser venir les idées, mais vous êtes libre de dresser votre propre inventaire.

Vous pouvez donc être tenté de tracer une ligne entre les deux, et de baptiser « besoins » les exigences de base, et « désirs » les embellissements. Mais c'est négliger la manière dont, d'un point de vue plus large, votre développement harmonieux pourrait nécessiter du divertissement pour stimuler votre créativité par exemple, de l'aventure pour éviter de vous enfermer dans le confort, et des vêtements vraiment chic pour aller à une soirée vraiment chic à laquelle vous avez été invité.

Donc, s'il est possible d'opérer une distinction entre avoir besoin d'un gros câlin et en désirer un, c'est probablement un faux dilemme.

J'en parle seulement pour le cas où vous pensez que vous ne devez manifester que les choses dont vous avez besoin et non celles que vous désirez afin de vous attirer plus facilement les faveurs de la Dame de la Cantine Universelle (ça ne marchera pas, ne vous donnez pas cette peine). La Dame de la Cantine adore vous donner ce dont vous avez besoin, et cela inclut aussi ce que vous désirez, et elle le fera aussi longtemps que vous lui permettrez, mais sous une forme et d'une manière nécessaire à votre développement général harmonieux, en tant qu'individu. Autrement dit, ne vous inquiétez pas de savoir si vous éprouvez un besoin ou un désir ; si vous avez envie de quelque chose, considérez-le comme vôtre et il le sera, sous la forme et de la manière dont vous avez besoin.

Mais quand même, n'est-il pas…

« Ne vous inquiétez pas de savoir si vous éprouvez un besoin ou un désir ; si vous avez envie de quelque chose, considérez-le comme vôtre et il le sera, sous la forme et de la manière dont vous avez besoin. »

Mal de manifester des choses en une période d'épuisement rapide des ressources ?

Eh bien, ce n'est pas vraiment une question de bien ou de mal. Les humains s'emploient à exaucer leurs désirs depuis que le premier membre de l'espèce a foulé le sol de la planète, et ils continueront de le faire jusqu'à l'extinction de l'espèce. Il s'agit de l'élan fondamental de la nature programmé dans nos circuits les plus profonds. Et cette quête vitale de conditions toujours plus efficaces, confortables et agréables pour progresser sur le chemin a non seulement conduit à l'ère pétrolière et nucléaire, où la société de consommation a atteint son apogée, mais aussi, et c'est plus important, à l'aube de l'âge solaire, où des sources d'énergie réellement durables connaîtront une diffusion commerciale suffisante pour satisfaire les besoins de tous. En parallèle se développent la technologie et le savoir-faire permettant des cultures réellement durables, l'optimisation du recyclage et, en général, une production à la fois plus intelligente et plus respectueuse de l'environnement.

Notez que ces nouvelles technologies, dont notre survie en tant qu'espèce dépendra entièrement, ne sont pas, pour l'essentiel, le fruit des efforts de saints et de saintes altruistes, mais celui de gens poussés par l'esprit d'entreprise – autrement dit, par l'envie d'obtenir ce qu'ils désirent. Ai-je besoin de m'étendre davantage sur le sujet de l'exaucement des vœux ?

Le véritable enjeu est d'obtenir ce que vous désirez d'une manière intelligente et consciente plutôt que de piller aveuglément ce qui est disponible. Il s'agit d'atteindre une véritable qualité dans sa vie, et sous tous ses aspects, plutôt que de succomber au charme trompeur de l'accumulation d'énormes quantités. Au bout du compte, il est véritablement impossible de cesser de désirer. Le seul moyen de cesser de désirer quelque chose consiste à l'obtenir – ou d'obtenir encore mieux. La meilleure solution est d'aller dans le sens de cette force, ce besoin primitif d'améliorer, car de là jaillira la technologie qui nous sauvera.

En prenant la mesure de la situation, vous allez probablement penser : « Oh, dépêchons-nous car il ne reste vraiment pas beaucoup de temps au train où nous allons », ce qui est exactement la raison pour laquelle vous avez tellement intérêt à pouvoir disposer de la technique de la maîtrise du temps que je vais détailler plus bas.

Allonger et raccourcir le temps

Le temps lui-même n'est qu'une construction, un artifice ; une idée à laquelle nous accordons foi pour nous aider à mettre de l'ordre dans une réalité impossible à ordonner. Le temps, comme vous le dirait tout taoïste ou Einstein si vous preniez la peine de le lui demander, n'est pas réel mais relatif.

Vous ne pouvez pas contrôler la vitesse à laquelle la planète se déplace dans l'espace, mais vous pouvez parfaitement maîtriser votre perception de la longueur, disons, d'un jour et une nuit d'une durée de vingt-quatre heures. Donc, face à une tâche aussi prodigieuse que de sauver de l'autodestruction le monde des humains grâce à l'invention et au développement de technologies, de sources d'énergie et finalement d'idéologies durables, quiconque apporte sa part

> **Le véritable enjeu est d'obtenir ce que vous désirez d'une manière intelligente et consciente plutôt que de piller aveuglément ce qui est disponible.**

(et cela vous inclut, directement ou indirectement) souhaitera étirer le temps en relation avec cet effort particulier.

D'un autre côté, si vous devez passer vingt-quatre heures en compagnie d'une personne que vous trouvez terriblement ennuyeuse et irritante, vous souhaiterez écourter la période consacrée à cette obligation. Dans les deux cas, vous n'allongerez ni ne raccourcirez le temps lui-même, mais seulement la perception que vous en avez, et uniquement en relation avec la question en jeu. Donc, en l'étirant pour vous donner davantage de chance de sauver le monde tant que c'est possible, vous ne l'étirerez que dans le cadre de ce projet. Cela ne signifie pas que vos séances au petit coin vous paraîtront durer des heures (à moins que vous ne passiez là des heures, bien sûr, ce qui serait idiot : arrêtez tout de suite). De même, si vous contractez le temps dans le but de vous acquitter d'une obligation fâcheuse le moins douloureusement possible, vous ne le ferez que dans ce cadre. À la caisse du supermarché, vous aurez toujours autant de minutes et de secondes que d'habitude pour sortir votre argent, payer vos achats, les glisser dans des sacs et déposer ces derniers dans le chariot. À moins que vous ne soyez cette personne derrière laquelle je me retrouve souvent dans la queue et qui paraît mettre une éternité à farfouiller dans son portefeuille en quête de monnaie, et si c'est le cas, bougez-vous, s'il vous plaît ; vous bloquez tout le monde.

Le mode d'emploi est très simple : vous mettez la durée en relation avec la tâche, l'obligation ou même l'agréable récréation prévue, et vous adressant à la Dame de la Cantine, vous dites :

« *Raccourcis le temps, Dame de la Cantine.* »

187

66 Vous pouvez parfaitement maîtriser votre perception de la longueur, disons, d'un jour et une nuit d'une durée de vingt-quatre heures. Le temps n'est pas réel mais relatif. **99**

ou

« *Allonge le temps, Dame de la Cantine.* »

selon vos besoins. N'utilisez pas un ton impérieux, mais plutôt une voix suggestive semblable à celle que vous emploieriez pour dire : « Allez, fais-nous une tasse de thé tant que tu es debout. »

Et cela marchera. Rappelez-vous, vous ne faites qu'allonger ou raccourcir votre perception de ce moment, et uniquement dans la mesure où il est en relation avec un jeu particulier de circonstances. Et en parlant du temps...

Laissez maintenant le passé derrière vous et accueillez la nouveauté dans votre vie
(avant qu'elle ne force le passage et ne balaie de force ce qui est périmé)

Il ne s'agit pas vraiment de toucher à quoi que ce soit, ou à qui que ce soit, ou à la moindre chose associée à votre passé ; vous allez juste vous rappeler de vous libérer de votre attachement à ces choses ou à ces gens. Donc, détendez-vous.

Je précise que la nouveauté, même si vous ne l'accueillez pas spécifiquement, fera partie de votre vie. Mais si vous l'accueillez, souvenez-vous d'y prêter suffisamment attention pour remarquer son arrivée ; sinon, quel intérêt y a-t-il à manifester dès le départ ? Donc, encore une fois, détendez-vous. En fait, détendez-vous, et détendez-vous encore, et

189

…ore, et encore, et restez ainsi jusqu'à votre mort, quoi qu'il advienne.

D'ici là, vous avez tout intérêt à adopter une forme quelconque de cérémonie quotidienne où vous laissez consciemment l'ancien partir et accueillez consciemment le nouveau. Cette cérémonie vous aidera à rester dans le flux de la danse avec la Dame de la Cantine. Une vieille méthode taoïste, mais vous pouvez utiliser n'importe quelle vieille méthode de votre choix, consiste à se placer debout, les pieds fermement plantés dans le sol et écartés de la largeur des épaules, les genoux un peu pliés, le bassin légèrement basculé en avant, comme si vous étiez au bord d'un tabouret de bar, la colonne vertébrale étirée, en particulier au niveau de la nuque, la langue touchant le palais (pour éviter de la mordre au cas où vous perdriez soudain le contrôle), les bras levés devant vous comme si vous serriez sur votre poitrine un rouleau de soie assez large pour tenir vos mains, les paumes tournées vers vous, comme si vous teniez une grosse grenade. Gardez les bras bien arrondis, relâchez vos coudes et vos poignets.

Respirez librement et laissez vos muscles se détendre en vous fiant à votre ossature pour vous maintenir en position debout, perpendiculaire au sol. Lentement, tournez les mains vers l'extérieur, et poussez sur les côtés comme pour nager la brasse, les bras s'écartant sans tirer sur les épaules. Continuez à respirer librement et à décontracter vos muscles.

Quand vous avez les paumes tournées vers l'extérieur sur les côtés, dites-vous, dites au Tao, dites à la Dame de la Cantine ou dites à toute personne prête à écouter :

« *Je lâche maintenant le passé et tout et tous ceux ayant besoin d'être libérés, ainsi que toute négativité, anxiété, souf-*

"Adoptez une forme quelconque de cérémonie quotidienne où vous laisserez consciemment l'ancien partir et accueillerez consciemment le nouveau. Cela vous aidera à rester dans le flux de la danse avec la Dame de la Cantine."

france, récrimination contre moi-même et limitation auto-imposée, et tout stress, chagrin et doute. »

Et sentez-vous libre de les laisser s'échapper par le centre de vos paumes à chaque expiration. Plusieurs expirations seront peut-être nécessaires, alors gardez vos épaules et votre cou détendus dans la posture et fiez-vous au soutien apporté par vos jambes.

Quand vous pensez avoir suffisamment laissé filer le passé pour une journée, tournez lentement vos paumes vers vous, les bras toujours largement ouverts et dites (à vous-même, au Tao, à la Dame de la Cantine ou à toute personne prête à écouter) :

« J'accueille maintenant la nouveauté dans ma vie, et, avec elle, tout et tous ceux dont j'ai besoin pour manifester mes désirs, ainsi que de la beauté, de la chaleur, une bonne santé, de la force, de la vitalité, de la longévité, de la sécurité, de l'excitation, de l'argent, de l'aventure, des voyages et, en fait, tout ce que je désire dans ma vie à l'instant. »

Et en inspirant, sentez l'essence ou l'esprit de tout cela vous pénétrer par les paumes. Cette opération va également prendre un petit moment ; votre cou et vos épaules doivent être détendus, et votre respiration fluide. Enfin, quand vous avez suffisamment accueilli pour une journée, ramenez lentement vos bras devant vous et tournez de nouveau vos mains vers votre poitrine. À ce stade, déclarez : « Oui, il en est ainsi ! », ou des paroles de votre choix dans le même esprit. Ce rituel donnera durablement à votre esprit une discipline suffisante pour éviter diverses embûches comme...

Je lâche maintenant le passé et tout et tous ceux ayant besoin d'être libérés. 99

Faire de ses désirs une obsession

Vous est-il déjà arrivé de vous retrouver totalement obsédé par une personne lors d'une relation amoureuse potentielle ou réelle ? À l'inverse, avez-vous déjà été l'objet de l'obsession de quelqu'un ? Si vous avez connu l'une de ces situations, ou les deux – c'est probablement le cas puisque vous êtes assez âgé pour lire ce manifeste et que vous cherchez depuis longtemps à obtenir ce que vous désirez –, vous avez conscience du caractère très déplaisant de celles-ci. Si vous êtes l'objet de l'obsession, vous n'avez qu'une envie : prendre vos jambes à votre cou. Eh bien, il en va de même pour tous les objets de votre désir, qu'il s'agisse d'une qualité, d'une possession ou d'un groupe de possessions, d'un événement ou d'événements mettant en jeu plusieurs autres personnes.

Mais comment vous arrêter quand vous avez vraiment, vraiment envie de quelque chose ou de quelqu'un ? Premièrement, en restant conscient. Soyez conscient que vous êtes en train de danser avec la Dame de la Cantine et comprenez que manifester est votre Tao ou votre Zen (votre chemin ou votre point d'attention) ; les résultats concrets sont secondaires. Dès que vous perdez conscience du plaisir tiré de la danse pour vous fixer sur les résultats que vous espérez en tirer, vous êtes sorti du chemin et avez besoin de vous regrouper. Si vous ne le faites pas, vous tombez dans un état obsessionnel qui retarde le processus, car vous barrez le passage et empêchez la réalisation de vos désirs.

Deuxièmement, vous devez vous entraîner à entrer dans un état méditatif où vous vous détachez momentanément du désir ou de l'objet du désir, que ce soit une maison neuve avec piscine ou une passion amoureuse, ou même les deux ; pourquoi pas ?

Vous pouvez y parvenir, au niveau le plus profond, en lisant et en apprenant le système de méditation taoïste présenté dans *Le Guerrier urbain, manuel de survie spirituelle*, du même auteur, qui vous l'expliquera beaucoup mieux que je ne pourrais le faire. Et ce n'est même pas de la réclame, mais quand vous avez pris la peine et le temps d'écrire un manuel succinct sur le sujet dans le dessein de donner une information claire et aisément accessible aux personnes pressées et aux vies bien remplies, pourquoi ne pas profiter de l'occasion pour les prévenir ?

En attendant, le problème se résume vraiment à apprendre à décontracter son corps, à ralentir et à réguler sa respiration, à allonger sa colonne vertébrale, à élargir ses épaules et ses hanches, que vous soyez assis, debout, couché et même en mouvement, et à ramener le point de conscience locale au centre du cerveau afin de le garder là en permanence pour le reste de votre vie, que vous soyez au travail, en train de vous reposer ou de vous divertir. Vous serez alors presque incapable de vous fixer longtemps sur une obsession, car celle-ci deviendra trop inconfortable, physiquement et psychiquement, à nourrir.

Cependant, si vous pensez que vous risquez de développer une obsession, ou si vous l'avez déjà développée, vous pouvez envisager soit de partir pour d'agréables vacances au soleil afin de vous calmer un peu, soit de répéter avec une certaine fréquence une affirmation dans la veine de ce qui suit :

"Si vous êtes obsédé par quelque chose ou quelqu'un, l'objet de votre désir aura envie de fuir aussi vite que possible.**"**

« *Maintenant, je respire, je me détends et je renonce à toute tendance obsessionnelle envers les objets de mon désir. Ainsi les objets de mon désir cessent de se montrer aussi insaisissables, et peu à peu s'avancent d'eux-mêmes dans mon orbite.* »

Et en parlant de nouvelles affirmations…

Affirmationville s'étend

Nous ne faisons jamais suffisamment d'affirmations ; nous devons en effet constamment lutter pour assurer la suprématie de l'élan positif sur le mode intérieur qui est par défaut négatif. Bon ! Il est probable que je rationalise ainsi mon envie immédiate d'écrire quelques affirmations supplémentaires, plus spécifiquement des affirmations démagogiques de plusieurs phrases, ainsi que mon désir que vous vous joigniez à moi.

En fait, ce n'est pas tout à fait vrai : je prévoyais réellement d'introduire à cet endroit précis, et dans votre intérêt, des affirmations démagogiques de plusieurs phrases, mais vous savez, quand on est assis tout seul à écrire un livre, on pourrait jurer qu'une présence est en train de lire au fur et à mesure, comme si on parlait à quelqu'un – dans ce cas, vous – alors qu'il n'y a personne en réalité (du moins au moment de l'écriture), donc ce n'est pas un mensonge non plus. Et j'éprouve une sincère envie d'écrire des affirmations de toute manière, même si une grande partie de moi, mon moi âgé de six ans, adorerait descendre jusqu'à la plage pour jouer au soleil. Mais laissons là le journal vidéo de l'auteur racontant l'histoire de l'écriture du livre. Revenons à vous.

"Dès que vous perdez conscience du plaisir tiré de la danse pour vous fixer sur les résultats que vous espérez en tirer, vous êtes sorti du chemin.**"**

Donc, que diriez-vous de…

« Je progresse maintenant comme un tout unifié, toutes mes composantes, y compris l'enfant de six ans intérieur, agissant à l'unisson. Ainsi, je suis concentré et j'ai l'attention focalisée, rien ne peut se dresser sur mon chemin dans l'exaucement de mes désirs, pas même moi. »

et

« Je possède une assurance souveraine quand je décide d'y puiser et je décide d'y puiser maintenant. Avec une assurance souveraine, je peux réussir tout ce que je désire, ce qui est exactement ce que je suis en train de faire ici et maintenant. »

ou

« Je suis pénétré d'un courage infini ; d'un courage infini je suis pénétré. Pénétré d'un courage infini, aucun défi, aussi effrayant ou intimidant soit-il, n'est trop grand pour que je ne le relève avec succès. »

et

« Mon esprit est enraciné dans le cœur créatif de l'univers. Mon corps est alimenté par la puissance générative du cœur créatif de l'univers. Avec un esprit enraciné dans le cœur même de l'univers, et un corps alimenté par le cœur même de l'univers, il n'y a rien que je ne puisse réussir. »

ou

« *J'ai la clairvoyance, la force, le courage, l'endurance, l'assi-duité, la clarté d'esprit, la concentration, la détermination, le dévouement, la sagesse, la compassion, la santé, les ressour-ces et le soutien pour réussir tout ce que je désire. Je me lâche maintenant sur le chemin.* »

En fait, les variations des thèmes à explorer sont nom-breuses, ne limitez donc pas votre vision. Et comme je l'ai dit, vous pouvez changer de rôle aussi souvent et légèrement qu'il vous plaît. Les seules règles sont celles que vous inven-tez. Donc, décontractez votre corps, ralentissez et régulez votre respiration, et prenez assez de recul et de hauteur pour rejoindre une planète en orbite autour d'une étoile distante de, disons, 8,6 années-lumière – Sirius peut-être – d'où vous pouvez, avec un bon télescope, avoir une vue claire de votre vie ici-bas sur Terre. Où voulez-vous diriger le théâtre de votre vie à partir d'ici ?

Ne redescendez pas sur Terre quand vous vous posez cette question ; restez à environ 8,6 années-lumière. Où souhaitez-vous que s'installe le théâtre de votre vie à partir d'aujourd'hui ? Comment vous voyez-vous dans 1 008 jours, ou à peu près ? Pensez-y, sans vous précipiter, laissez vos pen-sées dériver là où elles ont envie d'aller. Peut-être percevrez-vous des fragments de scènes, des bribes de dialogue, un bout de manche, un reflet sur une chaussure, l'odeur d'un parfum, la saveur d'une boisson ? Laissez simplement les images tour-billonner à leur guise, jusqu'à… jusqu'à ce qu'un tableau prenne forme et que vous vous retrouviez pleinement dans la scène et son dialogue. Ne bloquez pas le processus avec votre esprit rationnel ; laissez à la scène la liberté de se constituer comme elle l'entend et si elle vous plaît, remontez dans le

Je possède une assurance souveraine quand je décide d'y puiser et je décide d'y puiser maintenant. Avec une assurance souveraine, je peux réussir tout ce que je désire, ce qui est exactement ce que je suis en train de faire ici et maintenant.

temps comme si vous repreniez les trois actes précédents de la pièce qui vous a conduit à ce stade (projeté).

et

« *Je suis unique. J'ai un don unique à apporter à mon univers. Je donne maintenant à mon univers mon don unique, et mon univers me récompense avec la richesse, le succès, l'amour et un plaisir profond et durable.* »

« *Je suis libre de faire tout ce que je choisis. J'ai tout à gagner et rien à perdre.* »

et (juste au cas où la puissance de tout cela vous rendrait un peu psycho)

« *Mes choix sont sages, favorables à la vie et enracinés dans une profonde compassion envers moi-même et tous les êtres humains. Je sais exactement quelle direction suivre, instant par instant, et à chaque pas, mon chemin me fait passer de scènes de splendeur à une plus grande splendeur encore.* »

« *Même quand j'ai l'impression que ma vie est un vrai bazar, je suis en fait toujours sur le bon chemin, à faire la bonne chose, de la bonne manière et avec les bons résultats pour tout le monde. Et même s'il m'arrive de ne pas le croire, c'est quand même vrai.* »

et

« *Je suis pur amour en mouvement. Où que j'aille, les gens ont envie de sourire et de rire avec allégresse sans même savoir pourquoi. Ma simple présence améliore et répare toute situation où j'interviens. Je suis pur amour en mouvement.* »

“Comment vous voyez-vous dans 1 008 jours, ou à peu près ?”

et

« *J'ai le droit de reconnaître mes mérites. Plus je reconnais mes mérites, plus mes qualités positives gagnent en force. D'ailleurs, je suis plein d'assurance, sacrément sexy, irrésistible, couronné de succès et à tous points de vue magnifique. Même si c'est moi qui le dis.* »

Et c'est vrai, même si c'est moi qui le dis.
Ou encore...

« *À chaque respiration que je prends, à chaque pas que je fais, je grandis en force, en santé, en jeunesse, en beauté, en assurance, en réussite, en richesse, en amour pour les autres, en amour que les autres me portent, en sagesse, en compassion, en concentration, en lucidité, en sex-appeal, en souplesse, en adaptabilité et en intelligence. C'est en train de se produire maintenant, même quand je crois commettre des erreurs. Je suis vraiment un gars (ou une fille) hors pair.* »

« *Tout est possible, maintenant. En coulisse, la Dame de la Cantine est en train de s'affairer pour que des choses merveilleuses se manifestent. Des événements incroyables se produisent en ce moment même.* »

Vous sentez-vous caressé dans le sens du poil ? Vous sentez-vous suffisamment motivé ? Si n'importe lesquelles de ces affirmations vous séduisent, ou du moins ne vous rebutent pas, écrivez-les, énoncez-les ou chantez-les au moins six fois chacune, car même si ce ne sont pas mes meilleures paroles de chanson, elles véhiculent des sentiments qui vous seront très profitables et qui méritent d'être gravés dans vos circuits profonds. Mais, s'il vous plaît, ne vous contentez pas de les copier à moins d'y trouver votre bonheur. Utilisez-les plutôt comme des guides destinés à déclencher le surgissement de vos propres mots, car

66 Mes choix sont sages, favorables à la vie et enracinés dans une profonde compassion envers moi-même et tous les êtres humains. **99**

ces derniers se révèlent en général plus efficaces sur la durée. Et en parlant de durée, alors que votre vision à long terme (environ 1 008 jours) prend probablement déjà de la force d'heure en heure, il est inévitable qu'à court terme, vous soyez assailli par le doute et la peur. En fait, votre état mental, et donc émotionnel, a de fortes chances de subir amplement ce qui suit.

Balancer entre assurance totale et peur absolue environ quatre fois par heure

Si vous pensez qu'avoir une vision forte, soutenue par un esprit enthousiaste et concentré, protège du balancement inévitable entre totale confiance dans sa capacité à manifester tous ses désirs et peur absolue de ne pas y arriver – environ quatre fois par heure –, alors permettez-moi de vous détromper immédiatement.

Bien entendu, il y a les bons jours où rien à part un drame comme un attentat-suicide causant des centaines de morts ne saurait ébranler notre aplomb, mais on ne peut pas compter dessus. Les variables qui contribuent à rendre un jour bon ou mauvais sont trop nombreuses pour être énumérées, mais elles comprennent des facteurs comme la qualité du sommeil la nuit précédente, et la nuit d'avant, et la nuit d'avant encore ; les aliments ingérés la veille au soir, et le soir d'avant et peut-être tous les soirs des trois semaines précédentes, ainsi que la composition du petit déjeuner et du déjeuner ; la quantité d'alcool absorbée la veille, et le jour d'avant, etc. ; le nombre et le type de drogues et de médicaments pris la veille, etc. ; le nombre de cigarettes fumées ; la manière dont hier, l'avant-veille, etc., notre conjoint, notre amant(e), nos enfants, notre patron, notre collègue, notre coiffeur, notre acupuncteur, notre esthéti-

“Tout est possible, maintenant. En coulisse, la Dame de la Cantine est en train
de s'affairer pour que des choses merveilleuses se manifestent. Des événements incroyables se produisent en ce
moment même.**”**

cienne, notre entraîneur personnel, notre gourou, notre ami, notre conseiller en relations publiques, notre client, notre femme de ménage, notre chauffeur, le chauffeur de taxi, l'hôtesse de l'air ou l'inconnu croisé dans la rue nous ont regardés ; le climat aujourd'hui, hier, etc. ; l'ensoleillement ; la saison ; la position de la Lune et des planètes ; les éruptions solaires ; des souvenirs d'enfance ; les nouvelles aux actualités télévisées ; l'état de l'économie ; les indices boursiers ; les prix du foncier ; le cours du pétrole ; les seuils de pollution ; les concentrations en pollen ; et l'aspect de nos chaussures et de nos cheveux.

Il est donc manifestement inutile de vous demander si la journée sera bonne ou mauvaise pour essayer de déduire comment vous la vivrez. La plupart du temps, mieux vaut probablement s'attendre à être ballotté de tous les côtés ; du bon au mauvais, de haut en bas et de gauche à droite. Mieux vaut également s'attendre à un semblable balancement interne. L'important est de s'identifier à ce qui, à l'intérieur, observe le balancement plutôt qu'au balancement lui-même. Vous n'êtes pas l'assurance. Vous n'êtes pas non plus la peur. Ce que vous êtes réellement est trop énorme pour être exprimé en mots, car vous êtes votre univers tout entier. Donc, pour résumer, disons juste que vous êtes le spectateur, le témoin, l'observateur du jeu entre l'assurance et la peur, le bon et le mauvais, le divin et le démoniaque, le yang et le yin. Autrement dit, ne vous frappez pas, sauf, bien sûr, si vous y prenez plaisir, espèce de cinglé ! À la place, dites-vous avec calme et compassion :

« À chaque heure, tant que j'y prends plaisir, j'ai le droit de balancer entre pure confiance et terreur totale aussi souvent que j'en ai envie. »

" Vous n'êtes pas l'assurance. Vous n'êtes pas non plus la peur. Ce que vous êtes réellement est trop énorme pour être exprimé en mots, car vous êtes votre univers tout entier. **"**

Vous n'avez aucun intérêt à entreprendre une activité que vous ne trouvez pas agréable. Cela ne veut pas dire que vous devez essayer d'éviter ce qui vous paraît déplaisant mais que vous ne pouvez éviter, pour vous perdre dans l'un des nombreux divertissements offerts par la vie. Vous devez plutôt renoncer à vous apitoyer sur votre sort pour accepter l'endroit où vous vous trouvez et ce qui s'y passe, en assumant la responsabilité d'avoir créé la situation, aussi fâcheuse soit-elle, et en ayant la sagesse de vous inviter à y prendre plaisir et à trouver la force de poursuivre votre route avec gaieté. Ne laissez donc pas le balancement vous perturber ; détendez-vous et appréciez. Il n'a pas d'influence sur le grand tableau. Dites :

> *« Ma vision est forte, et je suis fort. Tous mes balancements au cours d'une heure donnée ne changent rien. Ma vision est à l'instant même en train d'être rendue manifeste sous mes propres yeux. »*

Vous pouvez aussi appeler un ami au téléphone pour gémir un bon coup ; d'habitude, ça marche.

Rendre service apporte la santé mentale

Oublier que notre fonction ici-bas est de servir, et croire qu'obtenir ce que nous désirons s'en distingue, nous égare dans des recoins sombres et malsains du labyrinthe de notre esprit. Tout comme une fleur dans le jardin – dont la fonction est de servir l'intérêt supérieur par sa beauté, en fournissant du pollen aux abeilles et en offrant un terrain d'aventures à de minuscules insectes et fées, et dont le Grand Jardinier de la Vie comble tous les besoins tant qu'il

Ma vision est forte, et je suis fort. Tous mes balancements au cours d'une heure donnée ne changent rien. Ma vision est rendue manifeste sous mes propres yeux, à l'instant même. **"**

ne décide pas de la couper et de la vendre à un grossiste –, vous êtes ici pour servir à votre manière l'intérêt supérieur ; tous vos besoins sont ainsi remplis. La seule différence est que vous ne finirez probablement pas dans un vase posé sur une table basse ou un manteau de cheminée.

Vous souvenir de votre fonction (servir) remet immédiatement les idées en place quand vous vous retrouvez pris dans un cercle vicieux mental d'une forme ou d'une autre. Demandez-vous : « Comment puis-je me rendre utile ici ? » plutôt que « Que puis-je prendre ici ? » ; ceci est une clé essentielle de l'exaucement de ses désirs (ironiquement). Et le meilleur moyen de vous rendre utile est de prendre plaisir à la vie, quoi qu'il advienne, de rester en permanence le petit enfant riant d'émerveillement devant l'improbabilité de tout ce sacré jeu qu'est l'existence. Vous êtes alors gai, et quand vous êtes gai, vous transmettez de la gaieté aux autres. La gaieté s'oppose à la peur. Et quand la peur diminue, les gens découvrent et créent des merveilles et prennent plaisir à la vie. D'ailleurs, le meilleur service que vous puissiez rendre à l'humanité est de l'emplir de gaieté pour contrer sa peur. Mais cela ne signifie pas que vous devez nier l'horrible souffrance tapie derrière tout esprit, ni devenir cynique.

Comment faire face aux réactions négatives avec lesquelles votre esprit contre vos affirmations ?

Vous êtes donc là en train d'affirmer :

« Je reste gai maintenant quelles que soient les circonstances externes, et je transmets de la gaieté à tous ceux qui m'entourent. »

Vous répétez et répétez encore cette affirmation mais votre cynique intérieur, le petit enfant blessé sous le coup de la première et inévitable trahison (de la vie, de Maman, de Papa, d'une sœur, d'un frère, d'un enseignant, d'un ami ou de quiconque), se croit obligé de répliquer : « Rends-moi service : je me sens d'une humeur de latrines de festival de rock et tu auras beau te congratuler autant que tu voudras, tu n'y changeras rien. » Ou « J'adorerais oublier sur-le-champ tous mes soucis et me mettre à batifoler en arborant un grand sourire, mais mes problèmes ne vont pas s'envoler comme par magie, d'accord ? », et même : « Cette histoire d'affirmations est un tas de conneries à l'état pur. » Ce ne sont que des exemples ; je vous laisse libre d'inventer vos propres répliques négatives, ce que vous êtes déjà en train de faire, j'en suis sûr ; c'est facile, nous sommes tous capables d'être négatifs.

Ce qui demande davantage de courage, ce qui distingue le héros du mouton, c'est de persévérer malgré tout. Vous continuez à répéter l'affirmation (ou une version personnelle plus éloquente, très probablement) et vous répondez simplement à chaque remarque négative de votre critique intérieur : « Merci de m'informer », ou même : « Merci de m'informer ; ton point de vue a été pris en compte et sera étudié. Je sais que tu te sens injustement traité et effrayé, mais suis le programme avec moi et je suis sûr que tu seras heureux du résultat, parce que, mon ami, je reste gai à présent, quelles que soient les circonstances externes, et je transmets de la gaieté à tout le monde autour de moi, et dans cette ambiance, je manifeste aisément, sans effort, agréablement, rapidement et miraculeusement tout ce que je désire, ce qui me rend encore plus gai, et donc encore plus à même de transmettre de la gaieté à tous ceux qui m'entourent, et tout le monde y gagne, y compris toi, petite crotte ».

Reconnaissez la négativité à l'œuvre dans votre esprit, mais choisissez de passer outre en continuant de consolider le positif.

Je précise que ces mots s'adressent à votre critique intérieur. Je sais que vous n'êtes pas une petite crotte ; encore que vous avez peut-être envie de vous rabaisser.

Si le critique intérieur reste insatisfait, rappelez-vous :

« Je crée ma propre réalité. »

Et si votre critique intérieur ne perçoit pas instantanément le bon sens de cette affirmation, empruntez mon mantra sacré personnel pour calmer les pensées mentionnées plus haut et dites : « Ferme ta p… de g… ! » en ajoutant éventuellement « D'accord ? »

En agissant ainsi, vous reconnaissez la négativité à l'œuvre dans votre esprit, mais choisissez de passer outre en continuant de consolider le positif.

Et voici le mode d'emploi.

Développer la volonté de recevoir

Vous avancez donc lentement en traînant des pieds dans la queue au réfectoire, le regard baissé vers le sol ou fixé sur les cheveux douteux de la personne devant vous, quand, d'un seul coup, vous vous retrouvez devant la Dame de la Cantine Universelle, voluptueuse, sensuelle et plantureuse avec, sous son tablier, ce qui se fait de mieux en matière de dessous de soie, de bas et de talons aiguilles, et vous tendez votre assiette en disant : « Donnez-moi tout, Dame de la Cantine ; je veux tout, pas juste la pureté de cœur ou la tranquillité d'esprit, mais absolument tout ! » Elle baisse alors les yeux vers votre assiette et répond : « Sur cette petite chose ? »

Si vous voulez que tout ce que vous désirez au monde (selon votre vision) se manifeste, vous comprenez, en regardant votre assiette, que vous allez devoir en fabriquer une plus grande, une beaucoup plus grande, même. Pour le moment, toutefois, la Dame de la Cantine recouvre votre assiette de tarte aux pommes et de crème Chantilly, qui se met à déborder, et vous dénichez un endroit où vous asseoir pour savourer votre festin. Mais la question demeure : comment agrandir votre récipient ?

Concrètement, il ne s'agit pas tant d'agrandir le récipient, car sans l'entrave créée par des pensées inhibitrices et les crispations qui en découlent dans les tissus conjonctifs, et donc le champ d'énergie, votre récipient possède une capacité illimitée à recevoir les innombrables bienfaits que la Dame de la Cantine est en mesure d'accorder.

Chez la plupart des gens, le mécanisme de blocage tend à se concentrer dans la région de la poitrine, ou centre du cœur, pour aborder la question sous un angle spirituel. Le travail d'agrandissement, donc, consiste à apprendre à relâcher le blindage musculaire enserrant votre poitrine, blindage sans aucun doute inconscient, afin d'avoir un cœur ouvert. Ceci, bien sûr, rend vulnérable, raison pour laquelle vous aviez au départ créé l'armure. Pour recevoir, toutefois, il faut être réceptif, et donc vulnérable.

Si vous craignez de recevoir des coups de la vie en adoptant une position vulnérable, pratiquez un art martial, en particulier un art martial taoïste comme le *taï chi*, le *hsing i* ou le *pa kua*. La pratique vous aidera à établir un champ d'énergie protecteur bien plus efficace contre l'énergie négative émise par les autres, et en outre recommandé pour la santé, alors que le blindage musculaire entrave la circulation de sang et d'énergie et hâte ainsi votre disparition. En complément, ou en remplacement, répétez des affirmations comme...

Sans l'entrave créée par des pensées inhibitrices, votre récipient possède une capacité illimitée à recevoir les innombrables bienfaits que la Dame de la Cantine est en mesure d'accorder. **"**

« *Plus je me rends vulnérable pour augmenter ma capacité à recevoir, plus je suis en sécurité.* »

Souvenez-vous, vous créez votre propre réalité. Allez, répétez-le encore une fois :

« *Je crée ma propre réalité.* »

Tout en détendant consciemment les muscles de votre poitrine, vous avez tout intérêt à imaginer votre cage thoracique en train de s'élargir pour englober la totalité de tout ce que vous souhaitez manifester dans votre vision, comme si vous y rangiez au chaud tout l'univers de votre visualisation. Pour fermer la visualisation, comprimez la vision jusqu'à lui donner la taille d'une petite bille et envoyez-la dans le bas de votre abdomen, et de là dans la boucle pour neuf révolutions internes ; vous n'avez pas oublié ?

Peu à peu, juste parce que vous le lui avez dit, votre volonté de recevoir augmentera et la Dame de la Cantine remplira en permanence votre assiette au maximum de sa capacité.

Ensuite, vous devez développer la force de vos bras, de vos épaules, de votre dos, de vos jambes, et de tout le reste de votre corps de manière à pouvoir porter l'assiette sans tomber.

Il est probable que vous serez perturbé par l'exaucement de vos souhaits. Ceci parce que vous n'avez pas acquis la force nécessaire pour porter ou contenir tout ce que vous désirez, d'où la sagesse populaire qui recommande de se montrer prudent avec ses vœux car ils pourraient devenir réalité. Par chance, plus vous portez, et plus votre force augmente. Néanmoins, plus vous vous rendez solide avant de recevoir le chargement, mieux c'est. D'où l'importance de vous visualiser fort, d'affirmer que chaque nanoseconde vous rend plus musclé et de vous ordonner de faire preuve de force. Nous parlons ici des royaumes du métaphysique, mais, bien entendu, pratiquer des exercices physiques pour fortifier votre corps vous aidera énormément, sur la Terre comme au Ciel. Renforcez l'aspect métaphysique, et le physique suivra. À l'inverse, renforcez le physique, et si vous avez l'intention adéquate, le métaphysique se renforcera à son tour. Concrètement, si vous vous asseyez sur un banc pour soulever des haltères dans l'idée d'accélérer ainsi la matérialisation de votre vision en développant votre volonté de recevoir, alors, cette accélération se produira, parce que, et je suis sûr qu'il est inutile que je vous le rappelle désormais, vous créez votre propre réalité.

Enfin, surveiller et évacuer toutes les convictions négatives et inhibitrices remettant en question la justesse de se tenir prêt à recevoir est très payant. Il est relativement aisé de dire à la Dame de la Cantine que vous voulez tout, mais il est plus difficile de croire profondément que vous avez le droit de le recevoir. Alors essayez de dire :

> « *Je renonce maintenant à toute conviction négative et inhibitrice selon laquelle je n'ai pas le droit d'obtenir ce que je désire pour une raison quelconque. Mon devoir envers l'humanité est de m'ouvrir complètement maintenant et d'être un récipient d'une ampleur sans limites pour les bienfaits de la Dame de la Cantine.* »

Pourquoi pas ?

Vous avez peut-être remarqué l'apparition du verbe « accélérer » ? Il y a une raison à cela.

“Plus vous portez, et plus votre force augmente. Néanmoins, plus vous vous rendez solide avant de recevoir le chargement, mieux c'est.**”**

Accélérer le processus

Nous avons beau être devenus des accros de la vitesse, comptant sur la réalisation immédiate de nos désirs, en fait, nous continuons, relativement, d'avancer avec une extrême lenteur. Songez que la planète sur laquelle vous êtes en train de lire ces mots, si vous vous trouvez bien sur Terre, se déplace, comme je l'ai déjà dit, à plus de 100 000 km/h, soit à près de 30 km/s, de quoi franchir *grosso modo* la distance entre Londres et Paris dans le temps nécessaire à la lecture d'une ligne de texte sans traîner. Vous comprendrez ainsi que, quelle que soit la vitesse avec laquelle vous désirez que les choses se manifestent, votre cadre temporel est celui d'une tortue. Donc, là où la plupart des guides spirituels vous diraient de ralentir, je vous invite à mettre la gomme ; avec la manifestation s'entend. En revanche, vous devez ralentir votre esprit en ralentissant votre respiration ; vous aurez ainsi l'impression que le monde extérieur va beaucoup plus vite, et cela apaisera votre éventuelle impatience.

Il est bien sûr possible d'augmenter considérablement cet effet en accélérant la vitesse avec laquelle votre vision se manifeste. La manière d'y parvenir – et je sais que je vais avoir l'air extrêmement simpliste, mais ça marche à tous les coups pour moi – est soit de s'ouvrir à un moment de sincère communion avec la Dame de la Cantine pour lui dire : « Accélère le processus » du ton d'un pilote de ligne qui dirait : « Personnel de cabine, préparez-vous au décollage », soit de faire des affirmations dans le sens de :

« J'accélère maintenant d'un saut quantique le processus de manifestation de tout ce que je désire. »

“ Là où la plupart des guides spirituels vous diraient de ralentir, je vous invite à mettre la gomme ; avec la manifestation s'entend. En revanche, vous devez ralentir votre esprit. **”**

ou...

« J'accélère maintenant de manière exponentielle le processus de manifestation de tout ce que je désire. »

Ce qui signifie exactement la même chose mais sonne peut-être mieux à vos oreilles. Ou...

« Je choisis maintenant d'accélérer de manière exponentielle le processus de manifestation de tout ce que je désire. »

et...

« Je suis maintenant prêt à l'accélération exponentielle du processus de manifestation de tout ce que je désire – servez chaud ! »

Bien entendu, si flâner en laissant les choses se produire à leur propre rythme vous satisfait, n'y changez rien ; c'est plus sage et plus éveillé sur un plan spirituel, mais si vous vous sentez en verve et d'humeur à vous amuser un peu avec la réalité, accélérer le processus est un jeu qui en vaut la chandelle. Je dois toutefois vous prévenir qu'en tant que guide spirituel, je suis un très vilain garçon ; donc écoutez-moi, mais prenez vos propres décisions, comme toujours.

N'oubliez pas, ce n'est que du théâtre

Le principe de base selon lequel vous avez déjà tout ce que vous désirez puisque vous créez votre propre réalité, sans considération de l'exaucement concret de vos désirs (ou des désirs que vous croyez avoir), finit par perdre son importance quand on élargit suffisamment la perspective. Si vous avez une perspective assez large, c'est-à-dire si vous prenez assez de recul et de hauteur pour contempler dans sa totalité le paysage de votre vie, de la conception à la mort, et pour l'intégrer au contexte d'une succession d'existences, vous constatez qu'il ne reste que du théâtre. Seules sa durée et la réalité du sang distinguent le spectacle d'une production de Broadway ou des grands boulevards ; mais même cela reste relatif, et si vous prenez encore davantage de recul et de hauteur, une vie passe en un clin d'œil, comme vous en conviendrez en vous retournant sur la vôtre au seuil de la mort. Comme le disait Épicure : « Chacun de nous quitte la vie avec le sentiment qu'il vient à peine de naître. »

Et même si vous avez plaisir à vous perdre de temps en temps dans le feu de l'action, vous savez que c'est une complaisance ; alors ne manquez pas de revenir régulièrement à la réalité et de vous rappeler que vous êtes assis au théâtre à regarder une pièce, un jeu de lumière uniquement destiné à vous distraire pendant que vous tournez autour du Soleil à plus de 100 000 km/h. Eh oui, j'ai pleinement conscience de répéter souvent cette information, mais c'est pour une bonne raison. Une fois assimilée, elle donne instantanément accès à une perspective éveillée. En effet, visualiser la planète en train de se déplacer à une vitesse folle dans l'espace impose de prendre assez de recul et de hauteur pour la voir foncer, et c'est le point de vue dont vous avez besoin pour considérer votre vie et celle des autres comme du théâtre. Une fois le constat fait, vous êtes libre d'entrer dans votre rôle avec décontraction et de lui donner toute sa dimension. Mais au fait, quel est votre rôle ?

" Vous pouvez jouer le héros, vous pouvez jouer l'idiot, vous pouvez jouer la gagnante, le perdant, la victime, le décideur, l'amante, la guerrière, le conducteur de Volvo, le casse-cou, la *fashionista*, le terroriste, la vedette. **"**

Eh bien, cela dépend entièrement de vous. Vous pouvez jouer le héros, vous pouvez jouer l'idiot, vous pouvez jouer la gagnante, le perdant, la victime, le décideur, l'amante, la guerrière, le conducteur de Volvo, le casse-cou, la *fashionista*, le terroriste, la vedette, la poire, le souverain, le sujet, l'objet, la créatrice, la créature, l'enfant gâté, le parent avisé, le gourou, le simplet, la sorcière, la sainte, le gangster, la prostituée, le bibliothécaire, la conductrice, le passager, vous pouvez jouer la personne traînant des pieds dans la queue au réfectoire, et vous pouvez faire l'école buissonnière. Et vous pouvez changer de rôle aussi souvent que vous le souhaitez. Vous pouvez même interpréter chaque rôle de nombreuses manières différentes : vous pouvez jouer le rôle sans fioritures, le rendre comique, le rendre tragique, le rendre mélodramatique, courber l'échine ou triompher, exagérer les traits ou faire profil bas.

Vous pouvez emmener le rôle là où vous voulez qu'il aille. Vous ne pouvez pas contrôler les autres acteurs ni, en général, le décor ou les accessoires, mais votre façon de jouer influencera le jeu des autres, et décor et accessoires ne sont que décor et accessoires, le rôle est vôtre.

Vous voulez jouer le rôle d'un multimilliardaire. Vous êtes prêt à travailler suffisamment dur, à apprendre vos répliques, à peaufiner vos entrées et sorties et à ne jamais dévier de votre ambition. Vous pouvez être le multimilliardaire. Commencez à interpréter le personnage maintenant si c'est ce que vous désirez.

Vous vous voyez en sauvage perdu dans les montagnes ou dans la jungle, arborant des motifs celtiques tatoués sur les biceps, quelques perles dans vos dreadlocks et prêt à vous passer des luxes douteux de la matrice électrique planétaire grâce à des panneaux solaires. Vous pouvez aussi jouer ce rôle.

Si vous êtes vraiment malin, vous pouvez combiner les avantages des deux rôles, de manière à pouvoir vous offrir un groupe électrogène pour les jours où l'énergie solaire laisse à désirer, ainsi qu'un gros 4 x 4 pour quitter la montagne quand l'ennui vous submerge et que vous avez besoin d'une dose de pollution et d'attentat-suicide ; vous pouvez même disposer d'un hélicoptère.

Vous voulez jouer la maman en robe à fleurs, en train de préparer des gâteaux dans la cuisine de la ferme pendant que les enfants jouent dans la cour, que les chiens rongent leur os et que les lapins s'ébattent dans leur clapier. Vous le pouvez ; à condition d'avoir l'équipement biologique adapté, bien sûr.

Vous voulez jouer la noceuse branchée que tout le monde s'arrache en ville, manipulant votre percolateur en minijupe noire pendant que des voleurs de voiture brisent des vitres dans la rue et que votre téléphone sonne pour annoncer l'arrivée de textos. Vous le pouvez, même sans l'équipement biologique adapté, ce n'est qu'une question de choix vestimentaire, de maquillage et de rasage ou d'épilation.

Sans vous braquer sur les détails, au premier acte, vous concevez l'idée de ce que vous désirez accomplir. Au deuxième acte, vous menez à bien le processus d'accomplissement, et au troisième acte, vous profitez de ce que vous avez accompli. Mais ici vous êtes en train de remonter de l'acte III à l'acte I. Vous passez donc un moment à rembobiner l'acte III, vous regardant jouir de chaque instant de ce que vous avez manifesté, entouré d'êtres aimés et d'amis partageant votre plaisir (quel intérêt, sinon ?) et vous continuez à rembobiner jusqu'à atteindre la fin de l'acte II où vous vous voyez toucher le proverbial gros lot de tout ce

qu'englobe votre vision, et vous continuez à remonter lentement la série de sauts quantiques qui vous a permis de toucher ce gros lot (et rappelez-vous que le terme fait ici
référence à la manifestation de tout ce que vous désirez, y
compris l'amour, la santé, la paix et, oui, même la pince à
épiler !) jusqu'à la fin du premier acte où vous vous voyez
dire : « Très bien, je suis prêt ; servez chaud ! », puis plus
loin encore, jusqu'à vous retrouver ici avec moi et ces mots,
tout en vous demandant où vous auriez pu aller si ce n'était
pas ici. Eh bien, en fait, vous venez en gros de franchir la
distance séparant Calais de Marseille, en termes de déplacement de la planète dans l'espace.

Maintenant, il ne vous reste plus qu'à sortir à reculons de
la pièce où vous lisez pour donner l'impression que vous
entrez, puis à faire le poirier ou à vous livrer à toute autre
action vous permettant de revenir dans le mode conventionnel de progression dans le temps, le premier acte précédant
le deuxième, puis le troisième. Si vous êtes vigilant, ou avez
simplement de la chance, vous devez maintenant disposer
d'indications pratiques sur les mesures à prévoir.

L'étape suivante consiste à prendre ces mesures, pas à pas,
en restant dans le théâtre bien sûr.

Un grand pas en avant

L'étape suivante équivaut à sauter d'une falaise. Elle
impose d'amener votre personne physique à faire quelque
chose dans votre monde en temps réel : un acte qui implique inévitablement une ou d'autres personnes (la Dame de
la Cantine se charge de l'expédition, la livraison est

humaine). Il peut s'agir d'une proposition écrite, d'un appel téléphonique, d'un courriel, d'un texto, d'un message envoyé par pigeon voyageur, par coursier ou par l'entremise d'un majordome, ou même d'une rencontre en chair et en os, en bref, d'un acte qui fera avancer l'histoire d'un cran, et qu'importe son importance apparente (de l'acte, s'entend, ou du cran d'ailleurs) tant qu'il fait avancer l'histoire d'un millimètre ou deux, ou davantage si possible.

Et vous prenez cette mesure sans redouter l'échec ou le succès. Prenez-la juste pour le plaisir de la prendre, à moins, bien sûr, que vous n'en ayez pas envie ou que vous soyez trop occupé ailleurs ; dans ce cas, abstenez-vous, je n'avais pas l'intention de vous bousculer. Mais une fois que vous avez pris cette mesure, passez à la mesure suivante dès le lendemain, et ainsi de suite tous les jours, jusqu'à ce que la prise de mesure soit aussi naturelle et facile que de poser un pied devant l'autre.

Si vous avez peur de prendre la mesure suivante, ne vous en veuillez pas. La peur est légitime. Dites-vous :

« *J'ai le droit d'avoir peur.* »

puis continuez comme si de rien n'était.

Si vous vous sentez trop paresseux ou trop apathique pour prendre la mesure suivante, cessez de faire le tire-au-flanc et prenez-la. Si vous avez du mal, dites-vous :

« *Je bouge maintenant mes fesses et prends la mesure suivante.* »

Et si ça ne suffit pas, dites-vous :

« *Je renonce par la présente à la paresse et prends la mesure suivante.* »

puis, si cette phrase commence à avoir de l'impact, augmentez l'énergie en disant :

« *Je prends maintenant cette mesure suivante avec courage, assurance et un aplomb sans faille.* »

et puis arrêtez simplement de tourner en rond et prenez la mesure. Cela devient plus facile quand on s'habitue à le faire (c'est clair). Mais n'oubliez pas qu'il ne s'agit que de théâtre, donc…

Ne vous attachez pas aux résultats

Prenez plaisir au spectacle de l'exaucement de vos désirs, dans les scènes difficiles comme dans les faciles, mais ne vous attachez pas aux résultats. Autrement dit, jouissez du processus et oubliez les résultats jusqu'à ce qu'ils se produisent ; prenez-les alors aussi avec plaisir. Mais ne commencez pas à puiser d'avance de l'énergie juste pour vous remonter le moral dans un moment de creux, car vous réduiriez leurs chances d'arriver à une pleine manifestation. Je me remets ici à parler métaphysique, donc, soyez attentif.

Prenez plaisir à chaque acte associé, à chaque mesure à prendre en cours de route, et à chaque acte dans l'acte. Par exemple, je suis en train de jouir de l'effet tactile des touches sous mes doigts. Je m'incite à l'adorer, ce qui détend mon esprit et permet aux mots de couler sans interruption (de mon esprit), tout en imprégnant ces mots et les espaces

« Si vous vous sentez trop paresseux ou trop apathique pour faire un grand pas en avant, cessez de faire le tire-au-flanc et prenez la mesure qui s'impose. **»**

entre eux de ce plaisir éprouvé dans mes doigts, plaisir qui remonte par mes mains et mes bras jusque dans mes épaules et ma poitrine – attendez un instant, j'ai besoin d'une pause ici ; merci, c'était gentil – j'avais besoin d'un moment pour jouir du simple fait de vivre. De même, quand vous partez pour une réunion, un entretien ou tout autre événement qui va vous pousser en avant sur le chemin, même de deux petits millimètres, jouissez du contact du trottoir sous vos pieds, de l'air dans vos poumons, du balancement de vos bras et de la chaleur de votre paume lors de la poignée de main que vous échangerez avec votre interlocuteur. Vous pouvez alors être plus ou moins assuré d'apprécier le résultat de la réunion, de l'entretien ou de l'événement, ne serait-ce que parce que vous aurez pris plaisir à être dans votre corps à jouer avec la vie comme un petit enfant.

Donc, dansez avec la Dame de la Cantine, perdez-vous dans les pas, enfin, si toutes ces métaphores ne vous ont pas encore embrouillé, ne lâchez à aucun moment votre assiette, et à la fin de la danse, vous recevrez une merveilleuse grosse surprise. En parlant de ça...

Merveilleuse grosse surprise

Vous créez votre propre quoi ? Réalité, d'accord.

Ce qui explique pourquoi, dès que vous demandez en faisant une affirmation une merveilleuse et grosse surprise, celle-ci se produit dans votre vie, et généralement sur-le-champ.

Mais vous ne pouvez pas commencer à imaginer quel genre de surprise ce sera, ni dans quelle sphère de votre vie elle se manifestera ; sinon, ce ne serait pas une surprise. En

Jouissez du processus et oubliez les résultats jusqu'à ce qu'ils se produisent ; prenez-les alors aussi avec plaisir.

tout cas, vous poser des questions à son sujet lui prend de l'énergie avant que la cuisson arrive à son terme, et vous finissez au bout du compte avec seulement un demi-orgasme. Autrement dit, il s'agit de tirer le gros lot ; donc, sans avoir aucune pensée inhibitrice, dites :

« Quelque chose de merveilleux, de gros et de surprenant se produit dans ma vie maintenant. »

ou...

« J'accueille maintenant dans ma vie l'irruption d'une merveilleuse grosse surprise. »

ou des paroles dans ce sens. L'astuce consiste alors à vous autoriser à éprouver l'excitation provoquée par l'attente de l'événement sans savoir à quoi il ressemblera et sans même essayer de deviner. Le mieux est d'oublier toute l'affaire jusqu'à l'arrivée de la surprise, mais en restant suffisamment vigilant pour la remarquer et en éprouver de la reconnaissance quand elle survient. Cela vous paraît sans doute évident mais vous seriez étonné de la facilité avec laquelle on peut oublier de remarquer une surprise, même grosse et merveilleuse, et d'en éprouver de la reconnaissance.

Remarquer ce que vous manifestez et en éprouver de la reconnaissance présentent un intérêt : l'objet de votre attention grandit. Se concentrer sur les bienfaits qui vous échoient fait grandir ces bienfaits, ou au moins le plaisir que vous en tirez. Pour rester suffisamment vigilant pour accueillir avec reconnaissance les grosses merveilles que vous manifestez dans le but de vous surprendre, il vous sera extrêmement utile de...

“J'accueille maintenant dans ma vie l'irruption d'une merveilleuse grosse surprise.”

Oubliez toute l'affaire jusqu'à l'arrivée de la surprise, mais restez suffisamment vigilant pour la remarquer et en éprouver de la reconnaissance quand elle survient. **,,**

Développer et entretenir un état de gratitude

Le Tao, si vous me permettez l'audace de tenter une remarque, inclut la totalité à la fois de l'existence et de la non-existence, ce qui signifie tout ce qu'il y a, et même tout ce qu'il n'y a pas. Rien ne lui échappe. Tout se trouve dans le Tao, y compris vous et moi. De surcroît, tout est interdépendant, car chaque unité d'être, qu'elle soit animale, minérale ou gazeuse, tout en étant contenue par le Tao, contient aussi le Tao (dans la mesure où le Tao est partout, à la fois dehors et dedans). Donc, même si dans le monde des apparences où nous habitons, il semble que tous les éléments individuels, les planètes, les astéroïdes, les étoiles, les machines à laver, les stylos, les personnes, les araignées et même les pinces à épiler sont des êtres distincts et autonomes, il s'agit en fait d'éléments du tout, interdépendants, interconnectés et interactifs.

Par conséquent, dire « merci » au Tao peut paraître aussi idiot que si votre main disait « merci » au reste de votre corps chaque fois que vous réussissez à soulever une tasse de thé sans la renverser. Mais même si cela paraît idiot, le reste de votre corps serait en fait très heureux que votre main pense à le remercier, et les relations entre les deux s'amélioreraient énormément, exactement comme s'il s'agissait des relations entre deux personnes différentes. Après un bon match, vous n'êtes pas obligé de remercier les membres de votre équipe, mais si vous le faites, vous améliorerez les relations entre vous et vos coéquipiers. Donc oui, c'est idiot, et alors ?

Essayez maintenant :

« Merci, Dame de la Cantine. »

ou

« *Merci, Tao.* »

ou simplement

« *Merci, Moi.* »

« *Merci pour tout dans ma vie, pour tout le bon et même tout le mauvais ; merci pour tout, merci pour tout cela.* »

Vous remarquerez probablement que, sur-le-champ, une vague de positivité enfle dans votre poitrine, et c'est ça qui est important. L'important n'est pas de dire merci ; le Tao, la Dame de la Cantine, ou Vous se fichent complètement des remerciements car le protocole ne les intéresse pas, l'important est de générer ce sentiment de gratitude dans la poitrine. Vous devez, autrement dit, vous trouver dans un état de gratitude et vous souvenir de l'entretenir en disant merci, ou au moins en le pensant, à peu près tout le temps à partir de maintenant.

Un état de gratitude est littéralement un état de grâce, comme en témoigne le terme *gràcies* utilisé dans la région de mon coquet palais cubiste, haut perché sur une colline catalane.

Grâce

La grâce est cet espace dans lequel vous pénétrez en dansant si bien avec la Dame de la Cantine que vous disparaissez tous deux dans le mouvement pour ne laisser que la danse. En d'autres mots, vous êtes si éloigné de votre négativité, de vos peurs, de vos doutes et de votre *ego* souffrant habituels que le Tao ne rencontre pas de résistance et peut librement générer de la réalité dans votre espace. Chaque fois que vous vous trouvez dans un espace de grâce, considérez que celui-ci est un signe d'intensification du pro-

> Merci, Moi. Merci pour tout dans ma vie, pour tout le bon et même tout le mauvais ; merci pour tout, merci pour tout cela.

La grâce est cet espace dans lequel vous pénétrez en dansant si bien avec la Dame de la Cantine que vous disparaissez tous deux dans le mouvement pour ne laisser que la danse.

cessus de manifestation. Pour y accéder à volonté, utilisez une affirmation simple comme :

« Je choisis maintenant d'entrer dans un état de grâce. »

ou

« Je suis maintenant dans un état de grâce. »

ou même

« Qu'un état de grâce descende sur moi maintenant. »,

ce qui est fortement recommandé, car c'est un espace sacrément bon à fréquenter. Essayez et vous verrez ce que je veux dire. Mais pour en revenir au sujet, si vous souhaitez intensifier le processus d'exaucement de vos désirs, ce qui est subtilement différent de l'accélérer, vous devez rajouter un surcroît de valeur à ce que vous manifestez et à votre expérience de la manifestation. Vous rendrez les deux plus concentrés et donc éventuellement plus agréables, mais c'est une question de goût et d'humeur. Toutefois, si vous êtes d'humeur…

Intensifiez le processus maintenant !

Intensifier ou pas le processus n'apporte rien de meilleur ou de pire. La différence est du même ordre que celle qui existe entre un poulet à la sauce pimentée et un poulet nature avec un filet de citron. Tout dépend de votre tempérament général et de votre humeur du moment. Donc, si vous avez envie de paix pour l'instant, n'intensifiez pas le processus. Mais si vous vous sentez en jambes pour vous amuser un peu avec la réalité, dites :

« Je choisis d'intensifier maintenant le processus de manifestation de ce que je désire. »

ou

« Je choisis de laisser le processus de manifestation s'intensifier maintenant. »

ou simplement

« Le processus de manifestation de ce que je désire s'intensifie maintenant. »

Il en résultera une concentration à la fois de l'énergie reçue de la Dame de la Cantine et de l'expérience que vous en avez. Chaque instant renfermera plus d'énergie par unité cubique. Si vous entretenez des doutes sur votre capacité à le supporter, affirmez :

« Je puise maintenant dans ma réserve infinie de force et dans mon aptitude illimitée à la vie pour supporter avec équilibre et aplomb cette intensification du processus. »

Et la chance ?

Qu'est-ce que la chance vient faire dans l'histoire ?

Qu'est-ce que la chance ? C'est l'énergie de la Dame de la Cantine Universelle qui coule dans votre direction en prenant la forme d'un événement ou d'une série d'événements qui coïncident avec des fragments de ce que vous désirez, et vous comble de joie et de satisfaction.

Comme je l'ai mentionné plus tôt, l'énergie de la Dame de la Cantine obéit au flux et au reflux du cycle du yin et du yang.

Le savoir et se fier au cycle débarrassent la chance de la mystique superflue qui l'entoure, et aide à prendre avec moins de nervosité ses allers et venues. Et moins vous êtes nerveux, et plus vous vous relaxez, et plus vous vous relaxez, et mieux vous vous sentez et mieux vous dansez… ce qui met la Dame de la Cantine dans une meilleure disposition à votre égard, et la fait donc remplir davantage votre assiette à chaque déferlante… ce qui vous aide à profiter davantage de l'occasion de lever le pied quand la vague se retire… ce qui vous rend dans l'ensemble plus décontracté, et donc plus ouvert à votre sagesse innée, et donc plus agréable à fréquenter, et donc de plus en plus séduisant aux yeux de la Dame de la Cantine qui désire seulement vous donner toujours plus, espèce de petit veinard !

Je ne vais même pas dire que vous créez votre propre réalité, et donc votre propre chance, car la chance n'est pas une création, mais juste la description de l'arrivée d'une vague d'événements qui vous plaisent. Mais je vais dire, et dites-le avec moi :

« J'accepte pleinement le cycle du yin et du yang, et je lui fais confiance pour m'apporter ce dont j'ai besoin et envie d'une manière équilibrée et bien réglée. Je prends autant plaisir au reflux qu'à la vague, je laisse venir, je laisse partir ; plus je me laisse aller à aimer le yin et le yang, et plus ils m'apportent de succès. Amen. »

Ce qui est parfait tant que vous ne commencez pas à faire preuve d'avidité, d'où l'importance de…

Partager vos bienfaits

Cela ne signifie pas que vous devez tout donner, mais simplement partager, quand les circonstances le demandent, ce qui est dans votre assiette, avec générosité, chaleur et amabilité. Cela peut être aussi simple que de verser chaque mois de l'argent à la Croix-Rouge, payer l'addition quand vous êtes au restaurant avec des amis qui ne gagnent pas autant d'argent que vous, accorder à vos partenaires en affaires un pourcentage légèrement supérieur à ce qu'ils espéraient, accueillir des amis chez vous, prêter l'oreille à une personne qui a besoin de s'épancher, sourire et parler aux employés des magasins comme s'il s'agissait d'êtres humains (ce qu'ils sont, bien sûr), partager votre joie et votre chaleur humaine en aimant ceux qui vous entourent, et je pourrais continuer longtemps, mais mon discours risque de tourner à la guimauve. C'est pourquoi je préfère m'arrêter et vous laisser compléter ou modifier la liste à votre gré.

Partager implique de donner de soi-même, ou de céder ses ressources, sans attendre que la faveur vous soit retournée. C'est en fait le seul moyen d'augmenter l'abondance quand elle se met à couler dans votre direction. Ce qui nous conduit à un sujet crucial.

Les autres

Il est impossible de vivre avec eux, mais il est aussi impossible de vivre sans eux. Alors que faire ? Eh bien, tout commence par la perception que vous avez (et la manière dont vous l'articulez) des « autres », à la fois comme concept général et spécifique. Le premier renvoie aux gens considérés comme une globalité, et le deuxième à certaines personnes précises. Dans les deux cas, la qualité de la relation dépend principalement de l'espace que vous accordez aux autres en vous. Il s'agit, en français de tous les jours, de trouver de la compassion dans votre cœur pour les autres, pour leur souffrance, leur plaisir, leur chagrin et leur joie, d'être prêt à discerner en chacun d'eux, der-

La chance est l'énergie de la Dame de la Cantine Universelle qui coule dans votre direction en prenant la forme d'un événement ou d'une série d'événements qui coïncident avec des fragments de ce que vous désirez, et vous comble de joie et de satisfaction.

rière le fragile déguisement du boucher, du boulanger et de la fabricante de bougies, l'enfant effrayé faisant bonne figure dans la cour de recréation. En effet, si vous êtes prêt à voir le meilleur en chacun, chaque personne, à moins d'être un incorrigible et total abruti, réagira de même.

Entraînez-vous à regarder au-delà des divisions illusoires entre peuples, tribus, nations, opinions, classes, âges et sexes pour accepter le fait que nous appartenons tous à la même famille. Et vous savez comment sont les familles ; elles nous rendent fous, mais nous les adorons. Vous contemplez donc la totalité de vos frères et sœurs, le cœur saignant doucement devant leur peine, d'autant plus que vous savez qu'ils pourraient avoir une existence beaucoup plus facile et agréable s'ils se détendaient un peu (et plus encore si tous, chacun des 6,2 milliards d'entre eux, achetaient ce livre ; je pourrais alors m'offrir ma propre planète et échapper à toute cette folie), et vous dites « Je vous aime, les gars » ou simplement « Je vous aime ».

C'est la vérité : c'est suffisant pour vous doter d'une perception des autres qui les fera vous aimer et donc vous apporter tout ce que vous désirez (la Dame de la Cantine se charge de l'expédition, des gens de la livraison), le visage souriant, le pied léger et le cœur plein de chansons.

Faites l'effort de percer les distorsions de surface que les gens mettent en place pour tenter de se protéger de la douleur de l'interaction afin de fixer votre attention sur leurs qualités intérieures les plus élevées. Ce sont celles-ci qu'ils manifesteront dans leurs rapports avec vous, car l'objet de votre attention grandit. Je ne vous conseille pas d'ignorer ou de nier la capacité humaine à la malice pure – vous devez en être pleinement conscient au cas où elle se glisserait dans votre dos pour vous asséner une claque derrière la tête quand vous ne regardez pas –, mais juste de diriger votre attention, et donc votre énergie, sur les qualités les plus élevées de vos congénères.

Tout ceci, bien sûr, repose sur le désir de guérir ou de rendre autrui sain plutôt que de le blesser ou d'en tirer avantage. Si vous souhaitez apporter la santé partout où vous allez, les résultats de chaque rencontre seront sains pour toutes les personnes concernées. Vous ferez preuve de compassion et verrez la bonté intérieure derrière le masque de protection des gens. C'est important, parce que contrairement aux préposés de la Poste qui sont obligés de vous apporter vos lettres et vos colis même s'ils ne vous apprécient pas, les coursiers chargés de la livraison plus universelle des choses expédiées par la Dame de la Cantine risquent de retarder ou d'annuler complètement cette livraison s'ils ne prennent pas plaisir à votre compagnie. À l'inverse, quand les coursiers aiment les sentiments qu'ils éprouvent en votre présence, les délais de livraison raccourcissent considérablement.

Je ne vous suggère pas d'utiliser l'amour d'une manière cynique afin d'obtenir ce que vous désirez, mais je précise qu'il vous sera sacrément plus facile de l'obtenir si vous vous montrez aimant envers les autres, parce que l'amour vous soulève, et les soulève, au-delà des masques sociaux. On pourrait dire aussi qu'il fait descendre au-delà et offre l'occasion de communier dans l'instant. Vous parviendrez à ce genre de relations si vous souhaitez soigner plutôt que manipuler, piller ou mettre en pièces les autres.

Être aimant n'est donc pas une recette, mais une excellente stratégie, pas seulement pour recevoir vos livraisons

66 Si vous êtes prêt à trouver de la compassion dans votre cœur pour les autres, pour leur souffrance, leur plaisir, leur chagrin et leur joie, ils réagiront de même. **99**

plus vite et en meilleur état, mais aussi pour nourrir une bien meilleure opinion de vous-même et de votre attitude générale vis-à-vis de votre univers, que vous ayez de la compagnie ou que vous soyez seul. Pour y parvenir, vous devez avoir conscience de votre connexion fondamentale avec tous les habitants de la planète, qui sont tous des points du Tao, comme je l'ai déjà mentionné. Vous devez aussi faire preuve de générosité…

La générosité

Le terme s'applique à un état de génération : génération de vie, d'amour, de chaleur, d'enthousiasme, de richesse, de divertissement, de ressources et de toutes les autres choses que nous désirons. La générosité accompagne un haut niveau de « manifestation ». Vous pouvez vous permettre d'être généreux quand vous manifestez avec intensité. De même, vous ne pouvez vous permettre, si vous manifestez peu, de ne pas être généreux.

En effet, le moyen le plus rapide d'activer le processus de manifestation est de se montrer généreux avec les autres, et pour une bonne raison : l'énergie que nous émettons, sous n'importe quelle forme, fait le tour de l'univers en entraînant des énergies amies de même disposition, et comme l'univers est circulaire, l'énergie que nous avons envoyée nous revient multipliée. Faites preuve de générosité, et votre monde vous le rendra en se montrant dix fois plus généreux. Agissez avec avarice, et l'univers sera pingre avec vous.

Donc, soyez généreux, mais n'espérez pas des résultats immédiats ; vous devez laisser à la Dame de la Cantine le temps de danser. Vous recevrez en retour quand vous en aurez le plus

« Si vous souhaitez apporter la santé partout où vous allez, les résultats de chaque rencontre seront sains pour toutes les personnes concernées. »

besoin. Généralement, ce ne sont pas ceux qui ont bénéficié au départ de votre générosité, mais un (ou des) coursier(s) le(s) plus apte(s) selon la Dame de la Cantine à effectuer la livraison, qui vous apporte(nt) la surprise. Et quand cela se produit, réjouissez-vous car vous êtes aux premières loges pour assister à la magie de l'existence faisant tourner son abondance inhérente. Et puisque nous en parlons…

L'abondance

D'après vous, la nature fondamentale de l'univers est-elle la pénurie ou l'abondance ? Le pain sec ou le festin ? Qu'en pensez-vous ? Car ce que vous croyez sera ; n'oubliez pas que vous créez votre propre réalité.

Vous pensez que l'univers est effrayant : il peut l'être. Vous voulez voir la Dame de la Cantine en démone décharnée, méchante et pingre qui ne donne rien : c'est l'apparence qu'elle prendra et vous vivrez dans un monde de pénurie où vous devrez soulever des montagnes pour que vos désirs soient exaucés.

Mais si vous voulez que votre monde soit rempli de tout ce que vous désirez : vos mains sur les fesses de la Dame de la Cantine, ses mains sur vos fesses, tourbillonnant sur la piste de danse dans le ravissement et la joie, il vous suffit de demander pour l'obtenir. Et si vous ne me croyez pas, libre à vous ! Peu m'importe mais d'après moi, vous découvrirez que j'ai raison en modifiant votre point de vue pour qu'il intègre l'abondance et non le manque et rirez bientôt à gorge déployée. Faites un essai et constatez par vous-même : répétez l'affirmation suivante jusqu'à ce qu'elle entre en résonance avec toutes les

"Faites preuve de générosité, et votre monde vous le rendra en se montrant dix fois plus généreux. Agissez avec avarice, et l'univers sera pingre avec vous.**"**

cellules de votre corps, et observez ce qui vous arrive dans les heures, les jours, les semaines et les mois à venir :

« Je suis libre de manifester ce qui me plaît.

Je n'ai rien à y perdre et tout à gagner.

D'aucune ruse je n'ai à avoir peur.

Ma Dame de la Cantine Universelle est toute volupté et abondance du meilleur.

Elle adore remplir mon assiette, pas besoin de redemander.

La Dame de la Cantine tout me donne, Car elle m'a à la bonne. »

(à moins que vous ne puissiez faire mieux, bien sûr.)

Obtenir ce que je désire privera-t-il d'autres personnes de ce qu'elles désirent ?

Tout dépend de la réalité que vous créez, et si la nature de votre univers est l'abondance ou la pénurie, car, en plus de vous, tous ceux qui s'y trouvent profiteront de l'abondance ou souffriront de la pénurie. Donc, si vous créez une réalité avec un univers dont la nature innée est l'abondance illimitée, et que vous la rendez suffisamment tangible, c'est ce que vous aurez. Nous sommes en train de parler de vraie magie ici, pas seulement de conjurations superficielles, mais de jeux de lumière hyperprofessionnels qui affectent tous ceux qui appartiennent à votre univers.

66 Ma Dame de la Cantine Universelle est toute volupté et abondance du meilleur. Elle adore remplir mon assiette, pas besoin de redemander. **99**

Donc, mettez-vous maintenant à créer quelque chose qui marche pour tout le monde dans votre univers, donc pour moi aussi. Créez quelque chose qui marche pour vous, qui marche pour moi et qui marche pour tous les autres. Pour cela, vous devez étendre un peu votre vision sur les côtés, ainsi qu'en haut et en bas, et derrière et devant, de manière à ce qu'elle ne se limite pas à une bulle contenant vos proches et vous, camarade, sœur ou frère, mais intègre tous les habitants de la planète jusqu'à la dernière foutue personne sur cette boule de glaise, y compris et particulièrement celles qui ont un penchant pour l'attentat-suicide. Voyez ensuite tout ce monde jouir de l'abondance, chacun à sa manière ; jouir est le mot-clé. Revenez au modèle originel et suivez-le article par article si vous voulez : voyez tout le monde respirer de l'air pur, boire de l'eau pure, manger de la nourriture saine en quantités suffisantes, avoir un abri adéquat, bénéficier d'une bonne santé, disposer d'assez d'argent, se divertir, vivre en paix, posséder sa propre pince à épiler, etc. Si vous n'arrivez pas à voir tout le monde, cantonnez-vous aux voisins de votre maison parfaite en cours de manifestation, et visualisez-les en train de vivre comme vous dans l'abondance. Pour commencer, vous ne voulez pas d'une maison de rêve située à côté d'un îlot de pauvreté car cela vous gâcherait le plaisir et lui ferait perdre de sa valeur ; ensuite, si vous arrivez à voir vos voisins vivre dans l'abondance, il vous sera plus facile de voir les voisins de vos voisins vivre aussi dans l'abondance, et ainsi de suite jusqu'à couvrir le monde entier avec votre vision.

Et si vous trouvez l'idée tirée par les cheveux, naïve, idéaliste, peu crédible, voire totalement idiote, je dois avouer que je vous comprends. Il m'arrive certains jours de me sentir profondément cynique et sans espoir pour le monde, et de trouver stupide de croire que le seul levier de l'intention puisse influer à ce point sur sa macroréalité. Mais il s'agit des moments où j'oublie temporairement que je crée ma propre réalité, ce que vous trouvez sans doute difficile à croire vu mon insistance à le répéter, mais c'est exactement pourquoi je le rabâche ainsi : c'est une chose très facile à oublier. Ce qui est ironique si l'on songe à son importance fondamentale, mais depuis votre réveil ce matin, combien de fois vous êtes-vous souvenu de l'air autour de vous ? Pourtant, on ne peut pas faire plus fondamental.

Je comprends donc que vous vous montriez sceptique et je l'accepte comme vous devriez vous-même l'accepter. Cependant, si vous consacrez un peu de temps et d'énergie à des affirmations comme celle qui suit, vous risquez d'être surpris de ses effets sur votre univers, et sur les autres univers, y compris le mien, alors allez-y, tentez le coup…

Dites :

« Je crée ma propre réalité. Je crée ma propre microréalité et ma propre macroréalité. Je suis en train de créer un monde d'abondance pour tout le monde. Plus je manifeste de richesse et d'abondance dans mon monde, et plus il y en a pour tout le monde. Plus je partage mon abondance, et plus il y en a également pour moi. Plus je génère d'abondance, et plus je génère d'abondance pour tout le monde. Je suis tellement abondant que je pourrais me manger (et si j'avais une bouche de la taille du Canada, je le ferais). L'abondance grandit d'elle-même. Plus je manifeste d'abondance, et plus il y a d'abondance à manifester. »

Je ne suis pas assez malin pour savoir comment ça marche ; mais ça marche, et c'est la raison pour laquelle il existe tant d'abondance autour de nous, quand on y prête attention. Mais, et les…

Pinces à épiler ?

Pourquoi cette obsession pour les pinces à épiler ? Vous avez parfaitement raison de poser la question. En fait, elles ne m'obsèdent pas, mais j'ai constaté lors de mes multiples déplacements à travers la planète en parlant avec de nombreuses femmes qu'un sujet de conversation revenait systématiquement : la pince à épiler.

Ce phénomène est principalement dû aux restrictions imposées à la libre circulation de l'objet dans les aéroports de la planète. Leur interdiction permet de se souvenir des services que ces précieux ustensiles fournissent. Les fabricants de pinces à épiler ont enregistré un accroissement de leurs ventes grâce aux millions de voyageuses contraintes de se rééquiper dans chaque pays visité. Personnellement, je soupçonne une conspiration entre les gouvernements et les industriels de la pince à épiler, destinée à générer un surcroît de liquidités et à injecter de l'énergie fraîche dans l'économie mondiale, car je n'arrive sincèrement pas à imaginer – et croyez-moi, j'ai passé des heures à y réfléchir – comment on peut avec une simple pince à épiler prendre le contrôle de l'avion contre le gré de l'équipage. D'accord, le pirate de l'air pourrait menacer de s'attaquer aux sourcils du capitaine de bord d'une manière particulièrement odieuse ou sadique, mais je doute qu'un seul pilote digne de ce nom cède à un chantage pareil. L'explication doit donc être ailleurs, mais Dieu sait où, et pour l'instant, je crains fort qu'il nous faille ranger le mystère de la pince à épiler dans le meuble contenant déjà les dossiers de la chaussette orpheline et du stylo fugueur.

Mais que se passe-t-il pour les habitants de nations plus pauvres ? Ceux qui ne peuvent pas se permettre d'acheter un livre comme celui-ci, ceux qui vivent dans des régions où sévissent le sida, la faim, la sécheresse, la corruption, la misère ou l'oppression, ceux qui se fichent complètement des pinces à épiler ; à quoi leur sert toute cette manifestation ? Autrement dit…

Manifester ce que l'on désire est-il juste un jeu réservé aux privilégiés de ce monde ?

Je discutais récemment avec un jeune homme à Paris : un Africain dont le frère venait de mourir du sida, dont la famille souffrait de la faim et vivait dans une pauvreté abjecte, et qui n'avait au départ pratiquement aucune chance de survivre, encore moins de venir s'installer dans la capitale française où il conduit aujourd'hui une camionnette de livraison pour une société de confection, gagne décemment sa vie et réussit à envoyer chaque mois plus d'argent aux membres de sa famille qu'ils n'en voyaient pendant une année entière. Il pouvait à peine parler deux mots de français à son arrivée.

Je ne sais même pas s'il a légalement le droit d'être là, ni si cela a de l'importance. L'important est qu'il a échappé au cauchemar et peut ainsi aider les personnes à sa charge. Son voyage a certainement été difficile : il a dû parcourir des centaines de kilomètres à pied et risquer sa vie pour franchir le détroit de Gibraltar avant d'avoir les pires difficultés pour parcourir l'Espagne et traverser la frontière en pleine nuit au pied des Pyrénées. Tout cela laisse penser que c'était peut-être un « clandestin », mais je ne travaille pas pour le service d'immigration et ce n'est donc pas mes affaires.

"Plus je partage mon abondance, et plus il y en a également pour moi.

J'ai juste été impressionné par la lueur dans ses yeux, par sa noblesse de caractère et par la force de sa volonté qui l'avaient rendu capable d'aller jusqu'au bout et de croire que sa Dame de la Cantine prendrait soin de lui quoi qu'il advienne. Je l'ai interrogé sur sa relation avec la Dame de la Cantine, en utilisant d'autres termes, et il m'a expliqué avec ferveur comment sa foi dans sa version de la Dame de la Cantine l'avait conduit jusqu'à Paris. Il m'a dit qu'il avait vu une photo de Paris dans son enfance et avait simplement continué à la voir « là-dedans » (il a tendu le doigt vers son front) et « là-dedans », et il a tapoté sa poitrine en souriant. Donc oui, peut-être s'agit-il seulement d'un jeu pour enfants gâtés qui ne se rendent pas compte de leur chance, mais je ne le pense pas.

Et maintenant, une petite chanson des anciens de la nation hopie, Oraibi, Arizona :

Nous avons annoncé qu'est arrivée la Onzième Heure...
Une rivière coule maintenant très vite,
Elle est si grande et si rapide qu'elle en effraiera plus d'un.
Ils essaieront de s'accrocher à la rive,
Et, déchirés, subiront une grande souffrance.
Sache que la rivière a une destination.
Les anciens disent que nous devons lâcher la rive,
Et nous pousser dans le flot,
Garder nos cœurs ouverts et la tête hors de l'eau.
Voir qui est avec nous et célébrer.
À ce moment de l'histoire, ne rien prendre personnellement,
Et surtout pas nous-même.

« Bannissez le mot « combat » de votre attitude et de votre vocabulaire. »

Car sinon dans l'instant s'arrêtent notre développement et
voyage spirituels.
Le temps du loup solitaire est révolu,
Rassemblez-vous !
Bannissez le mot « combat » de votre attitude et de votre
vocabulaire.
Tout ce que vous faites désormais doit l'être d'une
manière sacrée
Et dans la célébration.
« Nous sommes ceux que nous attendions… »

Vous voyez, camarade, sœur ou frère ? Même les Hopis
l'affirment et ils ne plaisantent pas. En 1980, j'ai fréquenté
Thomas Benyaka, gardien de la prophétie hopie, qui m'a
regardé droit dans les yeux pour déclarer : « Barefoot, tu es
complètement dingue ; fous le camp d'ici ! » C'est dire
comme ces gars sont sérieux.

Nous vivons une époque démente. Nous sommes tous
dans le même bateau et nous nous tenons par la main en
rebondissant dans les rapides. Nous avons tous individuelle-
ment la responsabilité de manifester quelque chose de bon
pour tout le monde. Et même si le ton de ce livre est souvent irrévérencieux, *La vie que je veux !* n'est pas l'œuvre
d'un camelot, d'un filou, d'un charlatan ou d'une vile
canaille, mais plutôt celle d'un maître spirituel de premier
ordre. Je déteste mettre la question sur le tapis, mais je dois
rappeler que le processus d'exaucement de ses désirs est une
démarche spirituelle. Il s'agit même d'une affaire sacrée ; eh
oui, c'est une célébration de la vie, de la Dame de la Cantine Universelle et de tout. C'est presque un devoir envers
ses contemporains. Et en parlant de devoir…

Le faire pour le Tao

Alors que je me penchais à l'une des fenêtres de mon coquet palais cubiste perché sur une colline catalane après avoir écrit le titre de ce paragraphe, je fus saisi par un spectacle somptueux. Le ciel, le plus vaste que j'aie jamais vu depuis le sol, est paré de gros nuages de diverses nuances d'argent, les cimes des lointaines Pyrénées étincellent fièrement, les contreforts de ma colline évoquent sous la fenêtre un tapis aux longs poils formés de pins aux tons de vert sombre tous différents, et à ma droite, la Méditerranée miroite avec retenue dans la lueur du début de la soirée, tandis que le soleil couchant éclaire sauvagement l'arrière-plan azur de rayons or, roses et d'un blanc tranchant, que même le photographe David LaChapelle ne pourrait saisir. La beauté du spectacle m'a presque laissé bouche bée, alors que je connais cette vue par cœur.

Maintenant, dites-moi, si vous étiez le Tao, ce que vous êtes à un certain niveau, mais si vous étiez l'absolu indifférencié au cœur de la non-existence et de l'existence avant qu'existe l'une ou l'autre, et si vous étiez assis là depuis des éternités à ne pas faire grand-chose quand, d'un coup, tombant du ciel pour ainsi dire, comme un enfant découvrant soudain la masturbation sans savoir pourquoi, vous commenciez à générer un univers, et disons que cet univers se trouverait être celui-ci, et que vous continuiez à générer jusqu'à l'achèvement de toutes les planètes, du moins celles du système solaire, et l'apparition de la vie sur Terre, et que vous continuiez à vous générer sous une multitude toujours croissante de formes jusqu'à devenir des êtres humains, et tout cela uniquement pour pouvoir vous percevoir, et percevoir votre création de votre point de vue – si vous étiez le Tao en train de faire ça, est-ce que vous préféreriez contempler un hideux tas de bouse ou la vue que je viens de décrire ?

C'est la raison pour laquelle le Tao aime vous aider à obtenir ce que vous désirez ; il prend ainsi tellement plus de plaisir à lui-même, à travers vous. Et comme nous sommes 6,2 milliards d'humains, sans compter les dauphins et toutes les autres créatures au travers desquelles le Tao apprécie de se percevoir, il profite du spectacle par de très nombreux yeux en même temps. Manifester le plus beau spectacle possible est presque un devoir envers le Tao et, souvenez-vous, ce n'est que du théâtre, en particulier quand vous êtes le Tao.

N'ayez donc pas honte d'obtenir ce que vous désirez ; ne vous gênez pas et n'imaginez pas un instant qu'il ne s'agit pas de spiritualité, sinon le Tao pourrait très bien se mettre en colère et vous lâcher un astéroïde sur la tête. Toutefois, il ne s'en donnerait probablement pas la peine et se contenterait de regarder par d'autres yeux en attendant que votre humeur s'améliore et que vous recommenciez à vous amuser. C'est dire à quel point le Tao est une entité suprême avisée.

Mais comme je l'ai déjà dit, vous êtes, au niveau le plus profond, le Tao ; donc agir pour le Tao, c'est agir pour vous. Au fond, tout ceci n'est qu'un tas d'absurdités, comme la majeure partie de la philosophie, et comme la majeure partie de la vie en général, dans la mesure où tout ce cirque nous garde seulement occupés pendant que nous traînons dans le coin en attendant de mourir, ce qui est précisément pourquoi il est si important de...

66 N'ayez donc pas honte d'obtenir ce que vous désirez ; allez-y sans gêne, et n'imaginez pas un instant qu'il ne s'agit pas de spiritualité. **99**

Cesser de trouver un sens au cirque

C'est vrai, ça ne mène réellement à rien. La vie n'est pas faite pour avoir un sens. Elle n'est probablement faite pour rien : elle est, c'est tout. Donc, même si vous prenez plaisir à analyser et à disséquer la morale supposée de tous vos actes, même si vous appréciez de jouer avec les idées de bien et de mal, de sensé et d'idiot, de spirituel et de profane, ne perdez pas de vue l'éventualité que tous vos efforts soient vains. Et si vous arrivez au point où ce qui vous affecte n'a pas d'importance, où vous pouvez croire en même temps aux notions de karma, de destin, de vies passées et futures, et au jour du Jugement dernier, ainsi qu'à tous les autres concepts mentionnés jusqu'ici dans ce livre, et y adhérer pleinement tout en admettant que ce sont peut-être des absurdités chatoyantes et que cela ne vous perturbe pas, alors vous serez en train de danser comme l'aime la Dame de la Cantine. Et vous le saurez parce que votre être se sentira léger comme une plume, vous n'aurez plus aucun souci, même dans les pires conditions « locales », et des choses étonnantes commenceront à se produire dans votre vie : celles que vous avez imaginées et souhaitées depuis des années.

Dès que vous abandonnerez vos opinions sur le mode de fonctionnement de la vie, non seulement vos propres opinions, mais aussi celles de tous ceux qui partagent votre existence, autrement dit, dès que vous aurez fait de la place sur votre assiette, la Dame de la Cantine la couvrira de tout ce que vous désirez. Et pendant un moment, vous chercherez à justifier cet événement, peut-être selon le schéma de ce manifeste, puis vous vous lasserez et finirez par vous installer confortablement afin de profiter de ce qui vous est accordé quelle que soit sa nature. Et si cela n'a aucun sens, pas de problème, ce n'était pas prévu pour.

L'un des ancêtres du taoïsme, Zhuangzi, s'est rendu célèbre en racontant des histoires assez ridicules (mais je suis mal placé pour en parler) destinées à illustrer ce qui se passe quand on atteint l'éveil en suivant le Tao sans essayer de lui donner un sens. Je vous livre ici ma version personnelle d'une de ses histoires :

Un vieillard, un disciple du Tao appelé Yen Hui (prononcez le nom à haute voix – il a une superbe consonance) rendit un jour visite à Confucius. Celui-ci lui demanda comment il allait et il répondit : « Je vais mieux, merci.

– Comment cela ? demanda Confucius.

– J'ai cessé d'être obsédé par l'idée d'agir avec bonté et justice, répondit-il.

– Bravo, mais vous n'avez toujours pas atteint l'illumination. »

Quelques semaines plus tard, Yen Hui revint. « Je vais beaucoup mieux, déclara-t-il.

– Comment cela ? s'enquit le maître.

– J'ai tout oublié de la discipline et des rituels.

– C'est bien, répondit Confucius. Mais vous n'avez toujours pas atteint l'illumination. »

Quelques semaines plus tard, Yen Hui revint.

Et si vous arrivez au point où cela n'a plus d'importance pour vous que la vie aille dans un sens ou dans un autre, où vous pouvez croire en même temps aux notions de karma, de destin, de vies passées et futures et y adhérer pleinement tout en admettant que ce sont peut-être des absurdités chatoyantes, sans que cela vous perturbe en rien, alors vous serez en train de danser comme l'aime la Dame de la Cantine.

« Je vais beaucoup, beaucoup mieux ! s'exclama-t-il.

— Comment cela ? demanda patiemment Confucius.

— Je peux rester assis des heures et tout oublier d'absolument tout. »

Confucius fut surpris. « Que voulez-vous dire quand vous dites que vous pouvez rester assis des heures et tout oublier d'absolument tout ?

— Je me cogne la tête, les bras et les jambes contre le mur jusqu'à ce que je sois complètement hébété, jusqu'à ce que je n'aie plus ni perception ni opinion. Je perce les apparences et je me rends compte que toutes les formes ne sont qu'illusions. Je cesse d'essayer de comprendre et je deviens ainsi identique au Tao ; voilà ce que je veux dire. »

Confucius répondit : « Si vous êtes identique au Tao, vous n'avez donc aucune préférence. Si vous ne vous accrochez plus au physique, vous n'avez donc aucune solidité. Vous avez donc réellement atteint l'illumination. Si vous me le permettez, j'aimerais devenir votre disciple. »

Et il paraît que l'histoire est vraie ; dingue, mais vraie. Faites-en ce que vous voulez, mais si vous désirez atteindre l'illumination, n'essayez pas de trouver un sens aux choses, et si vous avez de la chance, le sens apparaîtra, si le moindre sens existe, bien sûr. Très bien, assez perdu de temps. Soyons un peu sérieux un instant. Que faire sous le coup d'une sérieuse attaque de doute ?

66 Si vous désirez atteindre l'illumination, n'essayez pas de trouver un sens aux choses, et si vous avez de la chance, le sens apparaîtra. **99**

Doute

Coïncidence assez drôle, je viens d'en avoir une. Elle a duré environ deux heures et a failli me terrasser. Dépouillée du grésillement et de l'air bravache dont elle s'affuble pour s'époumoner à souffler sur la maison, l'attaque de doute, quand elle survient – et elle nous atteint tous –, se réduit à un thème sous-jacent très simple : vais-je gagner ou vais-je perdre ?

Et le jeu couvre un éventail de questions des plus superficielles aux plus profondes : vais-je gagner ou perdre au jeu du statut social, de la richesse, de l'influence, de l'amour, du sexe et au bout du compte de la survie ? Tous les fondements de mon existence ne forment-ils qu'un réseau d'illusions ? Toute ma vie n'est-elle qu'un mensonge ? Me suis-je raconté pendant tout ce temps des histoires à propos de tout, vraiment tout ? Les affirmations marchent-elles vraiment ? Tout ce travail de visualisation n'est-il pas qu'une rêverie stérile ? Vais-je réellement accomplir tout ce que je désire ? Ai-je vraiment le pouvoir de manifester quoi que ce soit ? Et ainsi de suite, jusqu'à épuisement. Pour une raison ou une autre, arrive le moment où vous cessez de lutter contre le doute pour vous y abandonner en détendant votre corps. Peut-être cet instant est-il d'inspiration divine, peut-être la Dame de la Cantine vient-elle soutenir délicatement mais fermement votre tête branlante ?

« Prends-moi, dites-vous, donne le pire de toi-même. » L'attaque atteint alors des sommets : vous et votre vie se transforment en un négatif choquant, comme si vous regardiez le tableau en vous trouvant derrière le cadre, puis l'impression disparaît aussi rapidement qu'elle est venue, au bout de quelques secondes, de quelques heures, parfois de quelques jours et quelques pauvres ^ames, d'une vie entière. Mais dès que c'est fini, tout va bien et vous avez l'impression que rien ne s'est produit. Le plus souvent, vous vous sentez même plus assuré, plus optimiste et plus fort que jamais. C'est comme le passage d'un orage : rien de plus, rien de moins.

En fait, si vous êtes toujours là, vous êtes en train de gagner la partie ; tout le reste n'est qu'un habillage, un habillage très désirable par moments et sans lequel la vie serait extrêmement terne, d'accord, mais un habillage quand même. C'est à cela que vous devez réduire votre victoire ou votre défaite, ou plus simplement, votre survie. Toutes mes félicitations, donc, en admettant que vous n'êtes pas mort au milieu de cette phrase : vous êtes en train de gagner.

Quant aux fioritures, la santé, la richesse, la paix, l'abondance, l'amour, le sexe, l'influence et tout le reste, contentez-vous de reprendre calmement, et dans l'ordre, le modèle de base originel, relancez la visualisation, comprimez-la et insérez-la au complet avec les symboles de votre choix dans votre boucle (doucement, pour ne pas provoquer de saignement), faites-lui effectuer quelques cycles et énoncez une affirmation dans le sens de :

« J'accueille le doute quand il m'attaque. Je me détends et je m'abandonne, et je m'emploie à acquérir encore plus de force et d'assurance pour manifester tout ce que je désire, même si je me sens un peu chancelant. »

Il n'y a pas de mal à chanceler. Voyez-vous comme une poupée à la base hémisphérique lestée qui se redresse toujours, même si on la pousse violemment. D'ailleurs, comme elle, plus on vous pousse violemment, et plus vous avez de force pour vous redresser.

Je dois l'avouer, je crains d'avoir peut-être un peu précipité le mouvement et de vous avoir précipité dans la visualisation et l'affirmation avant que vous ne soyez parfaitement prêt. Je devrais donc sincèrement ajouter qu'une attaque de doute, une fois partie, vous laisse dans un état d'une qualité presque postcoïtale qui fournit le contexte idéal à une séance de rêve éveillé sans figure imposée. C'est du moins l'impression que j'ai eue quand mon attaque a cessé ; eh oui, je suis moi aussi victime des mêmes sottises que tous les autres habitants de la planète (je vais peut-être pieds nus, mais je n'en suis pas moins humain ; de cela, au moins, je n'ai aucun doute). J'aurais probablement dû mentionner ce fait au début du livre, car vous espériez peut-être que j'étais un être parfait. Nous en sommes donc à deux omissions. Mais le moment ne se prête pas à l'autocritique (une autre forme de doute) ; je me suis assez fustigé pour la journée. Et en parlant de journées...

Quelle bonne journée pour rêver éveillé !

Il y a de nombreuses années, je suis tombé par hasard sur un livre consacré aux secrets des millionnaires partis de rien ; je me souviens que c'était un ouvrage cartonné des années 1950 à la couverture bleu uni, avec un lettrage doré sur la tranche et des pages cornées. Je l'avais trouvé sur une étagère et je l'ai feuilleté davantage par ennui que par réel intérêt. C'est du moins ma version des faits, et je n'en démords pas. Il contenait principalement des vieilles rengaines à la Dale Carnegie, du genre comment se faire des amis

> **Voyez-vous comme une poupée à la base hémisphérique lestée qui se redresse toujours, même si on la pousse violemment.**

et influencer les autres, mais une chose m'a sauté aux yeux ; selon l'auteur, l'unique trait commun des millionnaires partis de rien (avec l'inflation, transformons-les en milliardaires) était leur propension débridée à rêver éveillé des heures d'affilée, presque tous les jours, et ce depuis l'époque où ils n'étaient que des gamins traînant dans la rue, qu'ils aient été des petites pestes gâtées par des parents de la classe moyenne ou des orphelins crevant de faim.

Et même si j'ai du mal à croire qu'un aspirant milliardaire puisse trouver aujourd'hui le temps de rêver éveillé, j'ai transmis cette curieuse information à mon ami Jay Le Chef, qui me rendait visite l'autre jour. Ce jeune homme a l'habitude de manier des centaines de millions, même s'il n'empoche pas lui-même le pactole. Il s'est contenté de rire et de dire que les milliardaires partis de rien n'étaient pas les seuls à agir ainsi, mais que nous passons tous des heures à rêver éveillés tous les jours (et toutes les nuits).

S'il a raison à ce sujet, en ai-je donc conclu, et il a tendance à avoir souvent raison, alors tout le monde, et certainement tous ceux qui lisent ce livre, y compris vous, bien sûr, camarade, sœur ou frère, savez déjà exactement comment effectuer une visualisation forte, parce que toute visualisation est un rêve éveillé avec un cadre autour. Le cadre est formé grâce aux procédés que j'ai déjà mentionnés : comprimer le fichier et lui attribuer un symbole semblable à une icône sur le bureau de son esprit, insérer le fichier dans la boucle et le faire tourner pour rendre plus pur et plus intense son pouvoir de manifestation, discipliner son esprit pour qu'il reste positif et fournir ainsi l'environnement optimal à la germination de la visualisation. Mais sans un bon tableau, vous n'avez qu'un cadre vide et rien de plus. Et même si le modèle de visualisation décrit dans le livre est à peu de choses près le système le plus rationnel connu des humains de jadis comme d'aujourd'hui, ce n'est qu'un système rationnel. La part créative, la construction d'une image fonctionnant comme une œuvre d'art, vous revient entièrement.

Et comme nous restons sur la ligne de Jay Le Chef, vous connaissez déjà la marche à suivre : vous devez lâcher simplement la bride à vos rêves éveillés, puis juste avant qu'ils ne prennent inévitablement un tour anxieux, comme toute projection dans l'avenir, évitez de vous perdre dans une spirale de pensées négatives portant sur l'impossibilité de rendre le rêve réel, mais traitez la situation en taoïste en attrapant le tableau tant qu'il est frais et plein de vie pour le coller dans un cadre. Et en parlant d'être collé dans un cadre…

Avez-vous conscience que tout ce que vous manifestez s'accompagne de nouvelles responsabilités, et si oui, y êtes-vous prêt ?

Je suis sérieux. Pensez-vous pouvoir manifester la totalité d'une nouvelle vie sans récupérer une flopée de nouvelles responsabilités ? Réfléchissez à deux fois, camarade, sœur ou frère. En fait, je ne sais pas pourquoi j'utilise ce ton avec vous ; peut-être parce que je parle de responsabilités. Je fais le clown avec vous, mais attention ! Sachez qu'une relation, une maison, un emploi, un gros tas d'argent ou quoi que ce soit d'autre, demandent qu'on s'en occupe. Même si votre vision comprend un couple à demeure pour prendre soin du jardin, faire les courses, la cuisine et entretenir votre maison parfaite ; un secrétaire particulier pour gérer la paperasse ;

Tout le monde sait déjà exactement comment effectuer une visualisation forte, parce que toute visualisation est un rêve éveillé avec un cadre autour.

un avocat pour vous défendre au tribunal ; un comptable pour tenir vos livres et un coach à plein-temps pour maintenir le cap de votre ou de vos relations, il vous faudra assumer la responsabilité de payer tous ces gens et de leur donner des instructions, même si vous aimez déléguer.

Vous le savez déjà, de toute façon, mais je préfère vous prévenir : attendez-vous à de nouvelles responsabilités. Vous les verrez arriver, dansant au gré des vagues de vos affaires, juste derrière les choses que vous êtes en train de manifester, comme une barque chargée de nouvelles tâches, remorquée par un yacht. Vous ne pouvez simplement pas avoir l'un sans l'autre.

Si vous constatez une grande résistance à la manifestation de votre vision, il est fort possible que, secrètement, vous ne vouliez pas de la responsabilité qui l'accompagne. Et c'est très bien ; cela signifie simplement que vous n'obtiendrez jamais rien et que vous finirez comme l'une de ces personnes qui passent leur temps à visualiser et affirmer sans jamais aller nulle part. Et alors ? Ce n'est qu'un jeu, une activité à laquelle vous vous livrez pendant que vous traînez dans le coin en attendant de mourir, et c'est la vérité.

En revanche, si vous êtes prêt à connaître un peu la vie et à ouvrir votre esprit à la possibilité d'assumer des responsabilités, d'une manière qui vous apporte du plaisir plutôt que de la peine, vous éprouverez sans aucun doute avec le temps le même étonnement que moi devant l'abondance qui coule dans votre direction sous toutes les formes et dimensions disponibles.

Une manière d'y arriver consiste à énoncer une affirmation afin de passer un contrat avec soi-même.

" Si vous constatez une grande résistance à la manifestation de votre vision, il est fort possible que, secrètement, vous ne vouliez pas de la responsabilité qui l'accompagne. **"**

« Je suis abasourdi de la facilité, de l'aisance, du plaisir, de la rapidité et de l'efficacité avec lesquels je m'acquitte maintenant de toutes mes responsabilités. J'éprouve une profonde satisfaction à apporter une réponse complète et appropriée à toute personne ou situation requérant mon attention. En fait, j'apprécie tellement les responsabilités que je veux en assumer toujours plus. Plus je suis prêt à prendre des responsabilités, et plus je peux maintenant manifester. »

Abordez la vie comme si vous étiez le patron.

Mais, au fond, vous assumez déjà la responsabilité de votre réalité, et il s'agit juste de l'étendre. Et vous savez pourquoi je dis ça ? Parce que vous créez votre propre réalité, bien sûr. Vous étendez votre responsabilité grâce à votre manière de réagir à cette réalité, autrement dit, en abordant la vie comme si vous étiez le patron, en plus d'assumer la pleine responsabilité d'avoir entièrement donné forme à cette réalité et d'être prêt à continuer d'en prendre soin dans sa totalité au cours de sa joyeuse métamorphose. Donc, si vous être prêt à être le patron et à en accepter la responsabilité, vous n'aurez aucun mal à vous charger de toutes les nouvelles responsabilités sur le point d'arriver à tout moment maintenant. Et je dis ça parce que…

C'est extraordinaire, mon chou

Depuis que vous avez commencé votre lecture, vous pensez que vous lisez un simple livre alors qu'en réalité vous êtes en train de pratiquer quelque chose d'extraordinaire. Parce qu'après avoir autorisé tout ce que vous avez lu jusqu'à présent à pénétrer vos circuits, le processus est enclenché et vous ne pouvez pas vraiment faire demi-tour. Et maintenant, j'ai des remords malgré les avertissements que je vous ai prodigués au sujet des dangers et des souffrances que peut causer l'exaucement de ses désirs. J'ajoute, pour être franc, que j'ai probablement minimisé l'aspect positif de la démarche en minorant le plaisir indescriptible qui l'accompagne, la raison première de l'intérêt de cette démarche ; et même si j'ai continué à vous avertir pendant tout le livre, je crois que j'ai oublié de dire que le texte est si généreusement parsemé de mécanismes de déclenchement hypnotiques qu'il y a peu de chances que vous ayez pu résister à l'information même si vous avez essayé. J'aurais vraiment dû vous le dire avant, mais je me suis laissé emporté par l'enthousiasme et j'ai oublié. Et il est maintenant trop tard pour y remédier : vous allez commencer à obtenir ce que vous désirez, que ça vous plaise ou non. Donc, pardonnez-moi si votre intention était de continuer à ne pas obtenir ce que vous désirez ; j'aurais dû vous prévenir, j'aurais vraiment dû.

Mais de toute manière, pour l'instant, faites simplement comme si rien n'était arrivé et ne changez pas vos habitudes ; c'est seulement quelque chose de merveilleux après tout, un truc qui nous amuse pendant que nous suivons notre petit bonhomme de chemin, main dans la main, en chantonnant. Mais peut-être vous posez-vous la question suivante...

Que se passera-t-il si tout le monde obtient maintenant ce qu'il désire ?

Je n'en ai pas la moindre idée.

Mais c'est tout l'intérêt ; il s'agit d'une expérience sur l'évolution humaine dont l'issue est totalement imprévisible, et c'est ça qui est amusant. Il en résultera peut-être une pagaille noire, en tout cas au début, mais heureusement la nature, humaine ou autre, a la capacité de s'organiser en systèmes viables. Ne vous en inquiétez pas. En outre, soyons honnêtes : les chances qu'une telle chose arrive d'ici au moins deux mille ans restent assez faibles. Trop de gens, tout simplement, vivent encore dans l'illusion d'être des victimes, sans même avoir conscience de pouvoir faire un choix, et vous savez pourquoi ? Parce que vous et moi, nous avons créé cette réalité-là.

Nous avons créé les croque-mitaines parce que nous n'avons pas encore appris à voir au-delà d'une réalité pleine de souffrance. Nous en avons eu des visions fugitives, vous et moi, camarade, sœur ou frère, mais nous avons encore du mal à accepter l'idée que l'espèce humaine puisse réellement transcender son état actuel de ramassis de singes toujours plus sophistiqués se tapant sur la tête à coups de massue dans une constante quête de domination. Et même si vous et moi n'allons pas en personne donner des coups de massue pour asseoir notre domination, nous continuons à déléguer cette responsabilité à tous les bellicistes, terroristes, gangsters, assassins, violeurs, fabricants de pinces à épiler et autres scélérats du monde, parce que fondamentalement, nous ne croyons pas vraiment qu'il est possible de manifester un monde dépourvu de personnages incarnant le côté obscur.

Et je doute que nous en soyons jamais capables, ou même que la loi intrinsèque du yin et du yang, de l'obscurité et de la lumière, de la haine et de l'amour, nous le permettrait si nous y arrivions. Mais ça vaut la peine d'essayer, je trouve. Qu'avons-nous à perdre ? Mais il ne faut pas, pour le visualiser, y voir de la violence, car tout ce que l'on voit est alors violence : il faut y voir la paix. Il ne faut y voir aucune stupidité, mais la sagesse l'emporter. Ne perdez donc pas de

"Vous allez commencer à obtenir ce que vous désirez, que ça vous plaise ou non."

temps et commencez immédiatement : imaginez une vapeur invisible chargée de la sagesse, de la paix et de toutes les bonnes choses qui les accompagnent en train de se répandre et d'imprégner l'atmosphère jusqu'à emplir les poumons de tous les habitants de la planète, passer dans leur sang, rejoindre immédiatement leur cerveau, puis leur cœur et leur ventre, jusqu'à ce que tous, chaque femme, chaque homme et chaque enfant sur Terre, soient pleins de la tête aux pieds de sagesse et de paix.

Simplement, ne vous découragez pas, ou ne le prenez pas personnellement, si les effets semblent mettre un temps infini à apparaître ; c'est ainsi que la vie est amusante. La remarque s'applique à tout ce que vous voulez manifester.

Enfin, cédez au découragement si vous en tirez un sentiment tordu de satisfaction, mais cela n'aidera pas à rendre le processus plus rapide. Utilisez plutôt chaque contretemps apparent comme une occasion de renforcer votre acceptation des choses telles qu'elles sont et votre gratitude pour cette situation (rappelez-vous que vous êtes la reine ou le roi de quoi qu'il advienne), car cette attitude favorise un état de grâce, et c'est exactement ce qu'il faut pour donner de l'élan au processus.

Le processus de manifestation tend à donner une impression de blocage juste avant d'accélérer et il suffit en général de se soumettre à ce blocage apparent pour déclencher un mouvement de grande ampleur. Vous pouvez donc essayer d'énoncer des affirmations dans le sens de, par exemple :

« J'accueille maintenant les moments de blocage apparent comme un signe que le processus est sur le point d'accélérer. »

Imaginez une vapeur invisible contenant la sagesse, la paix et toutes les bonnes choses qui les accompagnent en train de se répandre et d'imprégner l'atmosphère jusqu'à emplir les poumons de tous les habitants de la planète. **"**

ou

« C'est précisément aux moments où le processus paraît bloqué que les plus grandes merveilles sont sur le point d'être manifestées. »

et plus important

« Je n'ai plus besoin de manifester quoi que ce soit pour justifier mon existence. Il est pour moi parfaitement recommandé et désirable de me détendre de temps en temps dans le rôle où je ne suis personne et où je n'ai rien, aussi longtemps que je garde un cœur heureux. »,

ce qui peut entraîner l'affirmation suivante :

« Je choisis d'avoir un cœur heureux et de rester joyeux quoi qu'il advienne. »

ou même

« Ces moments où le processus paraît bloqué déclenchent en moi une grande joie et une grande gaieté. »

Concrètement, le processus ne peut être réellement bloqué dans la mesure où l'univers tout entier se compose d'éléments en mouvement ; il s'agit seulement de la manière dont vous choisissez de le percevoir. En de telles occasions, fixez votre attention sur le mouvement inhérent à toute existence, le mouvement des atomes formant le manifeste que vous lisez, le mouvement du sang dans vos veines, des nuages dans le ciel, des vagues dans la mer, etc., jusqu'à attein-

&6 Ne vous découragez pas, ou ne le prenez pas trop personnellement, si les effets semblent mettre un temps infini à apparaître. **99**

C'est précisément aux moments où le processus paraît bloqué que les plus grandes merveilles sont sur le point d'être manifestées. **"**

dre la pleine conscience du mouvement comme qualité inhérente, car l'objet de votre attention grandit.

La majeure partie de la douleur associée à un blocage apparent résulte du passe-temps frelaté suivant :

Se comparer à d'autres pour juger de sa valeur, de sa vie et son processus

C'est idiot. Cela revient à comparer sa jambe et son bras en termes de mérite. Oui, nous pouvons dire, par exemple, que la première est plus longue et plus épaisse au sommet, mais en tant qu'élément d'un tout unifié, chacun des deux a son rôle à jouer ; chacun possède exactement la même valeur que l'autre dans le schéma général. La jambe semble parfois s'en tirer avec plus de prestige, parfois c'est le bras ; chacun son tour, pour ainsi dire.

Même si vous savez qu'il est complètement idiot de vous comparer à d'autres, vous le ferez de temps en temps, parce qu'en plus d'avoir une insondable intelligence, les humains sont, comme vous le savez, régulièrement enclins à des crises d'imbécillité extrême. Si vous vous laissez entraîner au jeu des comparaisons, ayez au moins le bon sens de vous comparer à la vaste majorité de gens sur la planète qui sont en ce moment même en train de manifester tellement moins que vous qu'il est difficilement supportable d'y penser. Si vous vous préparez à y penser, soyez conscient que plus de 93 % des habitants de la Terre vivent dans une pauvreté abjecte, des townships d'Afrique du Sud aux favelas de Rio, et des villages de Corée du Nord aux tunnels des SDF de Manhattan. Vous comparer au minuscule pourcentage d'individus qui manifeste plus que vous en ce moment est parfait si vous aimez vous flageller ; sinon cela n'a strictement aucun intérêt.

Inspirez-vous des accomplissements des autres, naturellement, et souhaitez-leur toujours le meilleur, car cette bonne énergie vous reviendra multipliée. Mais ne vous laissez aller à la comparaison que si vous aimez souffrir.

Ce n'est pas une compétition. Chacun de nous crée sa propre réalité ici-bas, mais si vous voulez rivaliser, rivalisez avec vous-même. Dites :

« Chaque jour, je choisis de générer, nourrir et gérer ma réalité avec plus de dextérité, de grâce, d'habileté et d'aplomb que la veille, car j'aime mes petits jeux. »

Mais n'oubliez pas d'ajouter :

« Et je me pardonne de ne pas y parvenir, comme cela m'arrive inévitablement de temps en temps. »

En fait, j'en viens maintenant à en parler…

De tout vous pardonner maintenant

Qui que vous soyez, aussi habile que vous soyez (notamment pour manier la pince à épiler), vous commettrez de temps à autre ce qui ressemble à des erreurs dans vos rapports avec les autres. Plus d'une fois, vous trébucherez sur la piste

Vous comparer au minuscule pourcentage qui manifeste plus que vous en ce moment est parfait si vous aimez souffrir en vous flagellant, mais sinon cela n'a strictement aucun intérêt.

de danse de la vie, et parfois même vous écraserez les orteils de la Dame de la Cantine, douloureusement à l'occasion. Je le fais en permanence, je le sais, et je suis un docteur aux pieds nus. C'est normal. Ce qui l'est moins, cependant, c'est la manière dont vous vous le reprochez consciemment ou inconsciemment et dont vous vous en servez comme d'une raison de vous punir. Cette forme d'autoflagellation psychique est un facteur d'obstruction majeur en termes de manifestation des désirs. Elle provoque dans votre champ d'énergie des interférences et des déformations que la Dame de la Cantine trouve franchement rébarbatives. Donc, renoncez-y maintenant, et pour vous y aider, utilisez le procédé suivant.

Courageusement, dressez une liste de toutes les erreurs apparentes que vous avez jamais commises, en remontant aussi loin que votre mémoire vous le permet, mais laissez environ sept centimètres au début de chaque ligne. Une fois votre liste plus ou moins terminée, insérez simplement les mots

« Je me pardonne… »

et enfin,

« Je me pardonne absolument tout ; même ce que j'ai fait de plus horrible. Je ne peux progresser et grandir que dans le pardon. En me pardonnant, je pardonne aux autres, et les autres me pardonnent. »

Et vous me pardonnerez de poursuivre sans plus tarder, mais nous devons donner aux choses de la place pour échouer…

" Je ne peux progresser et grandir que dans le pardon. En me pardonnant, je pardonne aux autres, et les autres me pardonnent. **"**

Accorder aux choses de la place pour échouer ou pour se transformer au-delà du reconnaissable

Laissez toujours au processus de la place pour échouer. Rien ne dépend de la manifestation de ce que vous désirez, même si vous pensez le contraire. Vous recevrez toujours ce dont vous avez besoin pour votre survie et une saine croissance si vous restez suffisamment éveillé pour l'identifier. Tout ce que vous prenez la peine de manifester est l'embellissement. Rien ne dépend de ce que vous manifestez, même quand vous pensez le contraire ; et particulièrement à ces moments-là, en fait.

Si vous assaillez la Dame de la Cantine d'attentes et de stipulations rigides sur la manière dont vous voulez les choses, elle s'affolera comme n'importe qui à sa place et ne dansera pas selon vos souhaits. Donc, ne bousculez pas la Dame de la Cantine avec des exigences déraisonnables. Une fois que vos désirs sont clairs et que vous avez effectué votre visualisation ou votre affirmation, ou les deux, laissez à la vision la liberté de se manifester comme elle l'entend. Agir autrement reviendrait à envoyer un courriel, puis à le poursuivre sur la ligne téléphonique pour lui dire quel chemin prendre.

Par exemple, vous pouvez vous battre toute votre vie pour devenir riche en pensant atteindre ainsi le bonheur, et échouer en découvrant qu'avoir juste le nécessaire vous rend heureux comme un roi. De même, laissez toujours au processus de la place pour réussir. D'ailleurs, c'est lorsque vous êtes sur le fil entre échec et succès que l'énergie de manifester vos désirs émerge.

C'est lorsque vous êtes sur le fil entre échec et succès que l'énergie de manifester vos désirs émerge.

La vie est fragile. La sécurité et toutes les formes de confort que vous espérez éprouver en obtenant ce que vous désirez découlent en réalité de votre capacité à vous détendre quand vous faites face au danger et aux menaces auxquels vous essayez d'échapper. Vous vous sentirez en sécurité en vous « éclatant » dans l'insécurité.

Je sais que je n'ai plus besoin de vous le dire, mais vous pouvez transformer cette déclaration en affirmation pour vous aider à vous sentir en sécurité en toutes circonstances. Utilisez, par exemple, la formule suivante :

« Plus je me détends au cœur de mon insécurité innée et plus je l'autorise à m'électriser physiquement, plus je me sens intrinsèquement en sécurité. »

ou simplement

« Plus je me détends, et plus je me sens en sécurité, quel que soit mon environnement. »

En fait…

Tous les sentiments, même les plus désagréables, sont bons à éprouver

Vous désirez une grande part de ce que vous voulez manifester dans l'espoir d'échapper à certains sentiments comme la peur, le désespoir, l'impression de ne pas être à la hauteur, la haine de soi, la culpabilité, la claustrophobie, la solitude ou la tristesse. Vous croyez qu'en manifestant assez d'argent et de statut social, vous ne connaîtrez plus jamais la solitude, mais c'est faux ; vous serez peut-être encore plus seul. Vous

“ Plus je me détends, et plus je me sens en sécurité, quel que soit mon environne-ment. **”**

pensez que vous n'aurez plus jamais l'impression de ne pas être à la hauteur si vous possédez une maison suffisamment grande, mais il n'en sera rien. En fait, quoi que vous manifestiez, vous continuerez à avoir des émotions ; certaines seront agréables, d'autres désagréables. L'astuce consiste à vous autoriser à ressentir vos sentiments, plutôt que d'essayer d'y échapper en obtenant des choses.

Peut-être avez-vous envie de plonger en vous, à l'instant même, pour discerner ce que vous éprouvez, ou peut-être pas. Si c'est le cas et si vous remarquez, par exemple, que vous avez peur, ne faites pas comme d'habitude : ne fuyez pas votre peur, n'essayez pas de vous en distraire, ne prétendez pas qu'elle n'existe pas et ne tentez pas d'y changer quelque chose. Dites-vous plutôt :

« *Il n'y a rien de mal à avoir peur.* »

Puis demandez-vous :

« *Suis-je prêt à avoir peur et à renoncer d'essayer d'y changer quelque chose ?* »

Répondez ensuite par l'affirmative, comme dans :

« *Oui, je suis maintenant prêt à avoir peur et à renoncer d'essayer d'y changer quelque chose.* »

Et si vous vous décontractez et gardez une respiration fluide, vous remarquerez que la peur s'évapore presque instantanément. L'immense quantité d'énergie requise pour lutter en vain contre vos sentiments sera alors libérée et disponible pour le processus de manifestation de vos désirs.

Cette technique de renonciation ne s'applique pas seulement à la peur, mais à tous les sentiments désagréables. En fait, vous pouvez grandement contribuer à votre bien-être en prenant note des sentiments agréables quand ils apparaissent en utilisant des affirmations de la même veine, comme :

« Il n'y a rien de mal à se sentir rayonner de joie. »

« Suis-je prêt à me sentir rayonner de joie et à renoncer d'essayer d'y changer quelque chose ? »

puis répondez affirmativement :

« Oui. »

Mais vous aurez beau faire...

Vous ne vous sentirez jamais pleinement satisfait *(ou seulement par moments)*

N'oubliez pas que l'insatisfaction est un composant indispensable de la condition humaine. On pourrait presque dire que l'insatisfaction est la condition humaine. Malgré tout ce que vous pourrez manifester, aussi haut que vous puissiez grimper, elle sera toujours là comme un roquet en train de japper autour de vos mollets et de vous mordiller les chevilles, vous qui êtes maintenant sans cesse en mouvement. Il en est ainsi, c'est tout, et il ne sert à rien d'essayer d'éviter cette insatisfaction existentielle en tentant de vous entraîner à être satisfait. L'entraînement aide, bien sûr, mais il permet uniquement de prendre conscience des bienfaits dont nous bénéficions pendant les rares instants de perspective claire que nous avons.

C'est pendant ces quelques secondes de satisfaction, par-ci, par-là, que nous nous sentons au moins satisfaits.

La seule chose à faire est de vous demander :

« Suis-je prêt à éprouver de l'insatisfaction et à ne pas essayer d'y changer quelque chose ? »

puis de répondre :

« Oui, bien sûr. Comment pourrait-il en être autrement ? Je suis humain, non ? »

Ne nourrissez donc pas l'illusion d'atteindre dans votre vie un état de perfection où tout finit par se mettre en place et où la tâche est achevée. Cela n'arrivera jamais… Parce que…

Toute l'affaire n'est qu'un chantier

Aussi habile que vous soyez à manifester ce que vous désirez, aussi suave que soit la mélodie de votre existence, ou aussi fluides que soient vos transitions entre vos mouvements sur le Grand Boulevard, votre vie restera à jamais une symphonie inachevée. Gâcher du temps et de l'énergie à tenter d'y changer quelque chose reviendrait à courir tout autour de la planète en comptant tous les brins d'herbe sans vous apercevoir qu'il en pousse constamment de nouveaux.

Autrement dit, vous ne pourrez jamais achever la tâche que représente l'exaucement de vos désirs, alors cessez tout de suite d'essayer et acceptez la nature transitoire et incomplète du voyage. Bien entendu, vous adopterez cette attitude plus facilement en énonçant des affirmations comme :

66 Ne nourrissez donc pas l'illusion d'atteindre dans votre vie un état de perfection où tout finit par se mettre en place et où la tâche est achevée. Cela n'arrivera jamais… **99**

« *Plus j'accepte la nature transitoire et incomplète de l'exau-cement de mes désirs, plus je suis libre de prendre plaisir à ce que j'ai.* »,

plaisir étant le mot-clé ici. Et sur ces mots...

Prenez plaisir à ce que vous désirez quand vous l'obtenez !

Cela peut paraître idiot. Vous imaginez peut-être qu'après avoir consacré les années requises à la manifestation de votre vision, y prendre plaisir au moment où elle commence à porter ses fruits est instinctif. Mais étrangement, c'est faux. Vous devez vous entraîner pour vous souvenir d'y prendre plaisir avec des affirmations comme :

« *À chaque respiration, je me souviens de prendre plaisir à ce que j'ai ici et maintenant.* »

C'est une démarche essentielle dans la mesure où, de bien des manières, manifester votre vision est la tâche la plus facile. Entretenir la manifestation rendue réelle est effective-ment beaucoup plus ardu. C'est la raison pour laquelle les empires connaissent grandeur et décadence ; ils se dévelop-pent et manifestent puissance et splendeur, mais ne sem-blent pas capables de fournir l'énergie requise pour les entretenir, car ils oublient de se souvenir d'y prendre plaisir. Ce constat s'applique à un empire de milliards de personnes comme à l'empire d'une seule. Pour entretenir la manifesta-tion, la clé est d'y prendre plaisir.

Vous avez toujours le moyen de recréer la réalité d'instant en instant. La seule limite est votre imagination.

Est-il jamais trop tard pour commencer le processus de manifestation ?

Il est seulement trop tard une fois que vous êtes mort. Jusque-là, vous avez le choix d'optimiser ou de limiter votre expérience ici-bas. Vous avez toujours le moyen de recréer la réalité d'instant en instant. Votre imagination et les bornes des possibilités physiques constituent les seules limites.

Est-il utile de partager sa vision avec d'autres ?

Cela dépend entièrement de votre motivation à partager votre vision et de votre (ou de vos) interlocuteur(s). Si vous en parlez pour impressionner, vous provoquerez de l'envie et cette énergie néfaste affaiblira votre vision. Méfiez-vous notamment des gens enclins au cynisme ou à la négativité. En revanche, si votre but est de renforcer la puissance de votre processus de manifestation, vous pouvez tout à fait envisager de partager votre vision avec une personne qui vous veut du bien, surtout si elle a, elle aussi, l'habitude de suivre la voie du *wu wei*. C'est le sens de « là où deux ou trois se réunissent en mon nom ». Autrement dit, si deux personnes ou davantage partagent une vision en ayant conscience que le processus est une danse avec la Dame de la Cantine, le Tao ou les royaumes divins, il en résultera une multiplication exponentielle de la puissance de cette vision. L'importance des rituels et cérémonies de groupe dans les sociétés humaines en témoigne.

Vous devez vous entraîner à vous souve- nir de prendre plaisir à la manifestation de votre vision.

Quel est le meilleur moment pour visualiser et affirmer ?

Si vous observez pendant toute une journée, n'importe quelle journée, le dialogue interne en cours dans votre esprit, vous remarquerez que l'inquiétude y tient une grande place. Nous nous inquiétons dans les intervalles entre deux activités, nous nous inquiétons pendant ces activités, nous nous inquiétons à peu près tout le temps ; c'est très bien tant que nous y prenons plaisir. Si ce n'est pas votre cas, consacrez à vos visualisations et affirmations tout le temps que vous passez à vous inquiéter. Autrement dit, cette demi-heure, ou plus, que vous auriez gaspillée à vous faire du souci, disons, un dimanche après-midi, tirez-en un parti plus fécond et plus agréable : créez le monde de votre choix. Et permettez progressivement aux pensées et aux visions positives d'imprégner votre existence, instant après instant, à peu près en permanence, quelle que soit votre activité, à compter de maintenant et jusqu'à votre mort. Chaque jour de votre vie est le meilleur jour pour visualiser et affirmer.

Donc, ça y est, vous l'avez…

Tout ce que vous désirez est au creux de votre main, camarade, sœur ou frère, et entièrement à votre portée. La révolution interne a commencé et il n'existe aucun moyen de l'arrêter maintenant. Je n'ai pas la moindre idée de la manière dont elle transformera votre vie, mais je peux vous dire qu'elle la transformera ; tenez-vous prêt et dites :

« Tout changement est bon, bon. »

et répétez, et répétez, jusqu'à ce que vous acceptiez de vous détendre suffisamment pour croire que c'est possible.

Au bout du compte, absolument tout ce que vous pouvez désirer vient du fait que vous souhaitez connaître la paix dans votre cœur et dans votre âme, et que vous voulez éprouver du calme dans votre corps. Vous pouvez donc, en vrai taoïste, oublier absolument tout ce que vous venez de lire, les pensées, les idées, les concepts, les digressions distrayantes, les conseils techniques de visualisation et d'affirmation, et dire simplement de tout votre être :

« Je choisis de connaître la paix dans mon cœur et dans mon âme.

Je choisis de connaître la paix dans mon cœur et dans mon âme.

Je choisis de connaître la paix dans mon cœur et dans mon âme.

Je choisis d'éprouver du calme dans mon corps.

D'accord, d'accord.

Je choisis d'éprouver du calme dans mon corps. »

« Tout changement est bon, bon. »

Voilà ; je crois avoir fait à peu près le tour de la question, et maintenant, si vous voulez bien m'excuser...

Heureuse manifestation,
Je vous aime,

Barefoot Doctor.

Pour l'éditeur, le principe est d'utiliser des papiers composés
de fibres naturelles, renouvelables, recyclables et fabriquées à partir
de bois issus de forêts qui adoptent un système d'aménagement durable.

En outre, l'éditeur attend de ses fournisseurs de papier qu'ils s'inscrivent
dans une démarche de certification environnementale reconnue.

Photocomposition Nord Compo
Imprimé en Allemagne par GGP Media GmbH

Pour le compte des Éditions Marabout.
Dépôt légal : mars 2013
ISBN : 978-2-501-08555-7
41.27692/01